聚焦家庭教育

王文忠 邓兰勤 著

中国商务出版社
CHINA COMMERCE AND TRADE PRESS

图书在版编目（CIP）数据

聚焦家庭教育 / 王文忠，邓兰勤著. —北京：中国商务出版社，2018.6

ISBN 978-7-5103-2447-5

Ⅰ.①聚… Ⅱ.①王… ②邓… Ⅲ.①家庭教育 Ⅳ.①G78

中国版本图书馆 CIP 数据核字（2018）第 130447 号

聚焦家庭教育
JUJIAO JIATING JIAOYU

王文忠　邓兰勤　著

出　　版：	中国商务出版社
地　　址：	北京市东城区安定门外大街东后巷 28 号　　邮　编：100710
责任部门：	商务事业部（010-64515163）
责任编辑：	汪　沁
总 发 行：	中国商务出版社发行部（010-64266193　64515150）
网　　址：	http://www.cctpress.com
邮　　箱：	cxyy@cctpress.com
排　　版：	北京宝蕾元科技发展有限责任公司
印　　刷：	武汉市卓源印务有限公司
开　　本：	787 毫米×980 毫米　1/16
印　　张：	12.25　　　　　　　　　　　字　数：185 千字
版　　次：	2018 年 7 月第 1 版　　　　　印　次：2019 年 9 月第 2 次印刷
书　　号：	ISBN 978-7-5103-2447-5
定　　价：	46.00 元

凡所购本版图书有印装质量问题，请与本社综合业务部联系。（电话：010-64212247）

版权所有　盗版必究（盗版侵权举报可发邮件到本社邮箱：cctp@cctpress.com）

前　言

我一直对家庭教育感兴趣，从1994年承担第一个国家自然科学基金项目"家庭环境对幼儿认知发展的影响研究"开始，到后来进行少年犯教育转化，灾后心理援助，动力沟通理论与技术体系的构建，都围绕着家庭教育做工作，二十多年过去了，不改初衷，算是聚焦家庭教育吧。

邓兰勤女士是中国科学院心理研究所儿童心理学高级研修班的学员，也是跟心理研究所合作的一个项目的负责人，她的项目名称是"多特儿童专注力"（Dot Children Focus），专注于儿童专注力的培训和提高。在跟邓女士接触的过程中，我发现她也非常重视家庭教育，重视家庭环境对儿童专注力及相关心理品质和行为习惯的影响。在交流过程中，我们互相启发，产生很多关于家庭教育的新想法，这些想法都十分有趣，形成文字，以免忘记，这就是写作本书的初衷。

当然，记录思想是一回事，集结成书出版是另外一回事，经过将近一年的讨论和加工，本书终于与读者见面了。我首先介绍一下本书的大概脉络，便于读者在阅读过程中进行重新创造。

本书正文首先从一些脑筋急转弯似的问题开始，如"谁是父母，谁是孩子"，以此拉开了思辨和对话的序幕，中间逐渐拔高，提出明智的家长必须具有外交家、军事家、教育家、思想家的素质和相关做法，最后，以我本人在多次家庭教育讲座和沙龙中与家长朋友的讨论作为尾声。在书的附录部分，我们为读者朋友们提供了一些简单实用的自我修炼的方法。

我们知道，书是作者和读者沟通交流的媒介，阅读是读者与作者的对话，是作者先把自己的感悟和想法捧出来，然后由读者主动参与并重新创造的一项共同行动。

　　谢谢您关注并打开本书，希望您一边阅读这本《聚焦家庭教育》，一边关注着自己身边的家人，从精神到物质，从思想到行动，真的拿出一定的时间，聚焦在家庭教育上！共勉！

王文忠

　　博士，研究员，中国科学院心理研究所沟通研究中心主任

目 录

第一章 脑筋急转弯似的问题 ······ 1
  一、谁是家长，谁是孩子？ ······ 3
  二、谁的年龄大？ ······ 4
  三、谁是学习榜样？ ······ 5
  四、家长的使命是什么？ ······ 5
  五、祝贺您 ······ 6

第二章 聚焦与分散 ······ 11
  一、新司机与老司机 ······ 13
  二、主角与配角 ······ 15
  三、注意力的辩证法 ······ 15
  四、三个案例 ······ 16

第三章 没有金刚钻，别揽瓷器活儿 ······ 23
  一、三个维度 ······ 25
  二、四个关照 ······ 26
  三、亲子之间的斗争 ······ 30
  四、一分钟责备法 ······ 32
  五、跟霸道的思想做斗争 ······ 34
  六、爱的音符 ······ 36
  七、精神分裂？ ······ 38

八、一个多动症的孩子 …………………………………… 39
　　九、全民健心运动 ………………………………………… 40

第四章　家庭教育的类型和层次 …………………………… 47
　　一、家庭教育的四个类型 ………………………………… 49
　　二、家长作为自己的家长 ………………………………… 51
　　三、让孩子成为自己的权威型家长 ……………………… 52
　　四、觉察 …………………………………………………… 55
　　五、专注力的本质 ………………………………………… 56
　　六、焦点就是孩子 ………………………………………… 59
　　七、生活中的觉察 ………………………………………… 61

第五章　行动与语言 …………………………………………… 67
　　一、最初的言行合一 ……………………………………… 69
　　二、言语与行动逐渐脱节 ………………………………… 70
　　三、一个言行不一的案例 ………………………………… 71
　　四、把孩子当成家长的咨询师 …………………………… 74
　　五、理论依据 ……………………………………………… 75
　　六、父母的尊严放哪里？ ………………………………… 78
　　七、重要的事情再说一次 ………………………………… 80

第六章　情商是怎么发展起来的 …………………………… 85
　　一、延迟满足 ……………………………………………… 87
　　二、没有灵丹妙药 ………………………………………… 89
　　三、代币制的危害 ………………………………………… 92
　　四、父母的延迟满足能力 ………………………………… 93
　　五、让孩子自己去体验 …………………………………… 95
　　六、从几个小故事看情商 ………………………………… 97

第七章　父母的四个"家" ········· 103
一、外交家 ················· 105
二、军事家 ················· 109
三、教育家 ················· 114
四、思想家 ················· 118

第八章　家庭教育对话 ············ 131
一、如何跟孩子说话？ ············ 133
二、如何跟亲人表达情感？ ·········· 140
三、如何调节自己的情绪？ ·········· 143
四、家庭关系 ················ 146

附录一　自我修炼的实用技术 ········· 159
一、"美人技术"（BEAUTY） ········· 161
二、"康德技术" ··············· 163
三、"马克思技术" ·············· 164
四、孔子技术 ················ 167
五、呼吸技术（BREATHE） ·········· 171

附录二　为什么推荐动力沟通？ ········ 175
一、心理学关于"自我"的认识发展脉络 ····· 177
二、以自我金刚结构为核心的动力沟通理论的产生和发展 ····· 182
三、动力沟通服务目前的应用领域 ······· 185

主要资料来源 ················ 186

后　记 ···················· 187

第一章 脑筋急转弯似的问题

第一章
脑筋急转弯似的问题

一、谁是家长，谁是孩子？

关心家庭教育、正在翻看本书的您，可能是家长，您的正在上小学或者幼儿园的孩子，自然是孩子。

这个问题好像不用问。作为家长的您，努力工作，赚钱，做饭，买衣服，然后让孩子来吃饭，穿衣，享受，因此作为本书读者的您，是劳动者，是付出者，是承担责任者；您的三五岁/六七岁/七八岁/十来岁的孩子，他是这些物质财富的享受者。也就是说，在穿衣吃饭这个问题上，您是付出者，是劳动者，孩子是享受者。

谁让你是家长呢？当家长自然要劳动，孩子自然要受保护，享受父母的劳动成果。

那么，再换一个角度来看，从孩子的成长这个角度，从孩子提高学习成绩、掌握各种技能这个角度来看，谁是劳动者，谁是享受者？

从这个角度看，是孩子在劳动，在学习，在付出，而作为家长的成年人，反而是一个欣赏者，一个享受者。孩子学习成绩提高了，我们高兴；孩子的能力提高了，我们高兴；孩子成长了，我们高兴。

孩子在为自己知识技能、学习成绩和心理调节能力的提高付出劳动，承担责任，而家长则是孩子成长的欣赏者，享受者。

套用前面的话，"谁让你是家长呢？当家长自然要劳动，孩子自然要受保护，享受父母的劳动成果"。也就是说，在孩子的心理成长这个角度，父母反而成了孩子，而孩子反而在付出，成了家长。

如果您的孩子经常向您抱怨，×××当了局长，住的什么房子，开的什么车，您怎么不努力呀，让我们的日子过得这么稀松平常……听到孩子这么说，您恐怕要恼羞成怒，甚至踢孩子几脚。但是，我们想想自己，是否经常觉得孩子不努力，学习成绩不理想，觉得他比××差，告诉他要努力学习……这是不是同样站着说话不嫌腰疼呢？

二、谁的年龄大？

您作为孩子的家长，与您的孩子相比，谁的年龄大？

您当然就会说，"当然是我年龄大，我已经30/40，孩子才三五岁/七八岁！"

其实，在孩子诞生之前，您并没有扮演爸爸/妈妈的角色，只有孩子诞生之后，您才成为了爸爸/妈妈，所以说作为爸爸/妈妈的您和您的孩子是同时诞生的。

有人可能说，现在实行开放二孩政策，那我肯定比我的第二个孩子年龄要大！

这也不对！作为家长的您，和长子或长女同时诞生。同理，作为家中第二个孩子的爸爸/妈妈的您和这个"老二"也是同时诞生的！作为爸爸/妈妈，我们永远跟自己的孩子年龄一样大，同时诞生。

既然家长和孩子是同时诞生的，既然家长和孩子可以互为家长，互为孩子，那么良好的家庭教育模式，就是教学相长的家庭教育，就是互相学习的家庭教育，而不是父母作为年长者，永远站在制高点，永远去指责孩子，教育孩子。家长跟孩子应该是相互学习的。

同样，作为本书作者的我们（王文忠、邓兰勤），和作为本书读者的您，也是一同诞生的。您的阅读，成就了我们两个作者；我们两人的写作，成就了您此刻作为本书的读者。希望我们继续对话，共同进步。同时，我们希望您跟您的其他亲人也一样，您和您的孩子，您和您的爱人也互相研究，互相学习，共同成长，共建学习型家庭。

三、谁是学习榜样？

构建学习型家庭，榜样是谁？榜样其实就是孩子。

孩子刚生下来几乎是一张白纸，但是不经意之间，知道了谁是爸爸，谁是妈妈，谁是爷爷，谁是奶奶……认识了各位家庭成员，学会了数数，甚至还学会了说一些外语……总之，绝大部分孩子在 3 岁以内，学会了说话，掌握了复杂的人类语言！

孩子是在玩的过程中掌握这些复杂的事情的，所以孩子是最善于学习的人，并且时时处处都在向周围的人学习！

要建立学习型的家庭，家长首先就要学习孩子，学习他们时时处处向周围的人学习的能力！

因此如果说您是妈妈/爸爸，那么您要学习自己的孩子，同时学习自己的丈夫/妻子，当然，还要学习自己的爸爸妈妈、同事和邻居！向周围的一切人学习，抓住一切机会来学习，建立一个学习型的家庭。

四、家长的使命是什么？

家长的使命，就是要让自己的孩子，在离开家长后能够独立生活，能够从周围的人那儿学习，适应这个变化的时代。

家长要完成好这个使命，首先自己就必须成为不断学习的自立的人，能够时时处处地向周围的人学习的人。

众所周知，家长是孩子的第一任老师，孩子生下来第一眼看到的就是家长（当然，现在剖腹产可能第一眼见到的是医生和护士，但是孩子主要还是跟着家长成长的）。近朱者赤，近墨者黑，所以，家长的素质及为人处世的风格，自然会默默地影响正在如饥似渴地从周围吸取信息的孩子。

可以说，家长的言行，会像海绵吸水一样，被吸进孩子的心灵空间。在王文忠、庞云主编的科学出版社 2015 年出版的《家庭教育手册——动力沟通之家庭教育篇》中，讲过这样一个古董店培养徒弟的故事，跟我们上面说的很接近，颇有启发意义。古董店是卖古董的，新的学徒刚来都是一张白纸，古董店老板是怎么培养这些学徒的呢？

读者可能会想，要把学徒安置到柜台去打下手，去察言观色，去跟着老店员学习。

其实不是这样。古董店老板，在招来新学徒之后，不是让学徒到店铺去见顾客，反而只让学徒待在后院仓库里，去保养那些最珍贵的镇店之宝、擦油、通风等等。第一年就干这件事。

老板为什么这么安排呢？

因为老板知道，新来的学徒，脑子里对于古董没有任何概念，所以一开始就让学徒接触最珍贵的镇店之宝，这样学徒头脑中对于古董就会形成一个正确的印象，经过这样的一年之后，他们一看见赝品，马上就能够辨别出来，眼光自然就会很高明、很独到。

这个故事，引申到家庭教育上，就是：孩子是生活的学徒，家长是生活的老手（古董），家长的素质，是孩子头脑中关于生活的原型！孩子从观察家长的过程中，形成了关于生活和人的看法。

如果家长自己不爱学习，那么孩子也更容易不爱学习。如果家长自己是爱学习的人，是真诚的人，是善于跟人打交道的人，是尊重人的人，那么孩子在接触和观察家长的过程中，也自然而然地变得爱学习，真诚，尊重人，善于跟人打交道。

五、祝贺您

在这个喧嚣的时代，在这个信息爆炸的时代，已经很少有人愿意翻开一本相对严肃的书籍了。所以，在您能够耐心地翻到这里的时候，我们非常真诚地祝贺您！由于您是一个愿意学习的人，坚持下去，您和您的家人与孩子，必将有一个幸福美满的人生。

本书在此想问读者一个问题：读书，既耗费时间，也耗费精力，最终你得到了什么？

笔者对这个问题的答案是：

读书，只是为了得到一点儿思想的撞击！作为成年人，我们对于很多事情都有自己的看法，读书，就是要费力不讨好地，去用作者的思想，来撞击我们自己的思想！

此刻，自然会产生另外一个问题：耗费时间和精力来读书，得到这种思想的撞击，有什么好处呢？

对此，本书给出的参考答案是：

彼此思想的撞击，可以让我们各自的思想变得更开阔，更能够适应这个变化的时代，或者让我们已有的想法变得更开放，变得更丰富！

所以祝贺您，打开了这本书，同时也打开了自己的心胸，来关注、审视或批评或接受书中观点，从不同的角度（至少作者提供了一个角度）观察家庭教育，观察我们自己，从而让自己的人生更丰富多彩，让亲子关系更和谐融洽。

延伸阅读

代沟是什么？

现在"代沟"这个词，在家长和教师等肩负着对年轻人的教育任务的成年人嘴里经常出现，似乎已经成了一种共识。其实，在笔者看来，"代沟"其实是个伪命题！

为什么这么说呢？

因为儿童的心有着几乎无限的灵动性，儿童有着强大的学习、变化的可能性。孩子跟着狼生活，就可能变成"狼孩"；跟着猪生活，就可能变成"猪孩"。他们跟"猪"和"狼"这样"死脑筋"的动物，都没有"沟"，怎么会跟聪明的爱学习的成年人，有了"代沟"呢？

所以，"代沟"这个词的出现，可能是成年人的耻辱。因为，它表明，成年人，尤其是肩负着教育职能的成年人，他们的心凝固了，他们的心不再灵动和开放了，不再是"气态"或"液态"，而成了"冰"或"干冰"一样的固体或类固体了。"冰"的寒冷经常影响着孩子，甚至把孩子那鲜活生动的赤子之心也给暂时凝固成"冰"了。于是，成年人带着冰冷的、坚硬的心，不断摩擦孩子那柔软的、渐渐变冷变硬的心，摩擦多了，就有了"沟"，由于存在年龄和辈分差异，于是"代沟"就出现了。

希望动力沟通的理论与实践，能够成为一把火，让我们内在生命动力燃烧起来，融化我们的"冰心"，让它升腾、升华、流动、激越，从而争取时时能够以一种"开放、自信、谦卑、负责"的心态，与自己的孩子、自己同事、自己的同学、自己的朋友、自己的家人和谐相处！

心灵的品级

心灵的品级，从低到高，呈现出四个境界：评价、接纳、感恩、默契。

1. 评价

人在看到、接触到其他的人、事、物时，总是会在自己的头脑中升起一种评价，用自己头脑中原来的观念、概念和框架来对自己面前的人、事、物进行定位。符合自己的预期或利益，往往就产生积极的情感；不符合自己的预期或利益，就产生消极情感。这种情感，往往又会障碍对面前的人、事、物的深入观察和接触。

2. 接纳

接纳，就是相信"存在的就是合理的"，努力放弃自己原有的思维定式和评价倾向，试图发现面前的人、事、物的所在背景，站在对方的角度，去努力感同身受地感知对方。

3. 感恩

万事万物是普遍联系的。每个人的生存和发展，都是无数善缘汇聚的结果。能够在接纳的基础上，发现面前和不在面前的人、事、物对自己生存和发展的贡献，努力以自己的身、语、意来回报。

4. 默契

此时，已是无言境界。大人者，赤子之心者也。一个有能力的成年人，具有奉献社会的能力，默默无言地奉献着，快乐地生活着，与周围的他人和睦地相处着。

第二章 聚焦与分散

第二章
聚焦与分散

一、新司机与老司机

本书的名字是"聚焦家庭教育",家长也常要求孩子,干事情要专心致志、一心一意,不要三心二意,等等。"多特儿童专注力"项目(本书作者之一邓兰勤负责的项目),核心就是培训儿童的注意力,通过各种方式帮助儿童聚精会神、专心致志地专注于某一个目标,焦点清晰,从而高效地解决问题、完成任务。

现在,想问您一个问题:您作为家长,对于您自己的注意力,有没有什么要求?您认为作为家长,良好的注意力应该是什么样的?

是不是也可以像孩子那样聚精会神,专注于一件事情上呢?是否也要一心不能二用呢?

不知您有没有思考过这个问题。这是一个非常非常重要的问题。

此处,我们借鉴一下"开车"这个比喻。开人生这部车,我们家长都是老司机了,而孩子才刚刚开始学开车,连驾照也没有(没有各种毕业证、资格证)。经过家庭教育、学校教育、社会教育,如果比较顺利的话,一个新司机到18岁之后,就慢慢有了驾照(各种毕业证、资格证),可以独自上路,过自己的人生了。

家庭就是孩子的第一个驾校!孩子作为一名新手,作为一名在家庭驾校里刚刚学习开车的学员,需要专注……

这会儿应该挂挡;这会儿应该踩刹车;这会儿应该走直线;这会儿应该倒车;这会儿应该直角拐弯;这会儿应该侧方位停车;等等。作为人生驾校的新学员,孩子需要专注地学习一件事情,还不能够综合地考虑所有的问题,因此,简化任务,聚焦一个任务,是关键!

不过，家长作为老司机，已经不是在学习开车了，而是开着人生这部车去做各种各样的事情，如果我们也强调专注，像孩子那样专注地挂挡，专注地走直线，那么在马路上即使撞倒了人可能也不知道！所以作为家长，是不能够专注的！我们优秀的注意力品质是弥散性注意力，很多时候，注意力越发散越好！

设想一位贤惠的妈妈的一段生活情景：一边做着家务，一边还要看着孩子玩得安全不安全，同时还要关注着老公是不是该回来了，婆婆这会儿脸色怎么样；还在想着明天去上班，某个事该怎么办；待会儿是不是要抽空给某人打个电话……

作为家长，我们必须要有这种弥散性的注意力，在头脑中的各种事情都要同时运作，我们一边烧着饭，一边炒着菜，同时还要听着家里的孩子的动静……各个环节必须同时关注着。如果说刚刚有了老二的话，那么老二是否该醒了？他这时哭了，是该撒尿了，还是该吃东西了？……这些问题，都在家长头脑中盘旋。

作为成年人，作为家长，我们的注意力品质和孩子的注意力品质是完全不一样的。很多家庭中的矛盾都是由于对注意力品质的误解造成的，很多人错误地认为自己也要像孩子那样专注，因此总认为生活中各种各样的事，总在给自己打岔……老公/老婆给我打岔，婆婆/岳父给我打岔，保姆给我打岔，孩子给我打岔，工作给我打岔，邻居给我打岔，等等。

生活，是由多个环节构成的，任何一个环节跟不上，都不能称为自在的生活！爱人有爱人的需要，老人有老人的需要，孩子有孩子的需要；洗菜有洗菜的需要，煮面条有煮面条的需要，做米饭有做米饭的需要，炒菜有炒菜的需要……所有这些东西汇合在一起，奏响了人生的交响乐，锅碗瓢盆的交响乐，公公婆婆（岳父岳母）爱人孩子邻居同事朋友同学的交响乐，如此生活才能够过得好。

所以，作为家长，我们肩负着挣钱养家、保护孩子的家庭责任和各种社会责任，注意力品质必须是弥散性的；而正在成长的受保护的孩子的注意力品质必须是专注的。

二、主角与配角

大家知道，科学家要想出科研成果，必须专心致志地做一件事，心无旁骛。狙击手也要专心致志地盯着一个目标，眼都不眨，才能一枪致命。

为什么他们能够专心？

科学家可以专心地研究某一个课题，是因为他们背后有一个庞大的后勤团队在给科学家提供各种支撑。

一个狙击手可以专心地盯着目标，是因为身边有其他人在保护他的安全！如果一个人时刻担心着自己的生命安危，朝不保夕，没有其他人的帮助和保护，那么他是不可能专心致志地做一件事的。

孩子作为未成年人，在众多成年人的保护之下，他们才能够专心致志地做事，孩子相当于科学家和狙击手，他们是主角！我们就是为科学家和狙击手提供后勤服务的人，我们是为孩子的成长而跑龙套的人，我们是配角！

可以说，只有少部分人（比如前面所说的狙击手和科学家）以及你家里关心的孩子，可以专注地做一件事，大部分的一般人的注意力都必须是弥散的，必须注意周围的方方面面，给别人提供保证，给别人跑龙套，这样，才能让这个主角更专心地去唱好"戏"，去做好他该做的事。

了解这个关于注意力的真相，对我们的心理健康是非常重要的！在过去的很多说法中，都把"聚精会神""一心一意"当成美好的品质！本书在这里强调：作为一个生活中的跑龙套的人，如果想专注地做一件事，就是抢戏，就是自不量力！因为服务对象的需求是多方面的，配角想专心地做一件事，那么主角的其他需求，多样的、变化的需求，就不能得到满足了。

三、注意力的辩证法

现代人的心理问题多，社会交往问题也多，一个很大的原因，就是把注意力的品质理解错了。人们往往都认为注意力专注是一件好事，而忘了注意力专注，是被保护的人、成长期的人或者舞台上的主角的特权！大部分的人，都必须要注意力弥散，不能够专注一点；换句话说，普通人，必须专注于自己保护的对象、服务对象（服务对象也包括自己）周围的一切东西。

作为一个普通人，我们必须要"专注于"周围的一切，也就是要弥散地注意周围的一切！因为没有人保护我们的安全，我们必须对自己的方方面面负责，还要保护我们孩子，让他们能够专注地做某件事！

本书在此想和您探讨一个问题：为什么有的孩子注意力出现了问题，不能够专注？

其中一个重要原因，可能就是在生活中孩子没有得到家长弥散性的注意，孩子感觉不到安全的保护，甚至，孩子还必须反过来去注意他们的父母，注意他的生活环境，看父母的脸色行事！

这样，孩子总要分心去关注父母的心情和反应，专心致志地去解决自己面临的问题的机会和精力反而减少了，所以才出现了注意力的问题。

四、三个案例

案例1：魔鬼与天使

瘦弱文静的周周在特训营里有两副面孔。

一会儿，他会非常粗暴地推同伴，抢他们的东西；如果同伴生气了或者对他很冷漠，他又会非常体贴地给同伴拿包，送吃的喝的，讨好小伙伴。

一会儿，他会非常配合辅导老师的话，让做什么就做什么；一会儿，他会霸道蛮横，无论辅导老师说什么，他都不听，坚持做自己的事情。

总之，动通特训营里的周周，完全就是一个不适应集体生活的捣蛋鬼。这也是他妈妈把他送来参加特训营的原因，希望通过特训营，让他适应集体生活。

为什么周周会这样？

通过跟周周的妈妈进行交流，发现这是个单亲家庭，妈妈独自带着孩子。有时候妈妈觉得孩子可怜，会过度补偿；有时候又觉得孩子必须成功，开始严格要求。

由于妈妈对孩子的关注不稳定（忽冷忽热），不周全（过于重视学习成绩和外在表现），周周也形成了两面的性格，不能适应集体生活，不知道伙伴需要什么，也不能理解和服从辅导老师的指令。

案例2：聚光灯下

4岁的文文，必须成为家人的注意中心。如果一会儿没人注意她，夸她，她就会乱跑闯祸；在幼儿园，也必须受到老师的特殊关照（例如必须坐在老师身边，必须第一个分饭、分水果），否则就会尿裤子或者哭个不停。

后来，在幼儿园老师的推荐下，我们见到了文文的妈妈。

原来，这位妈妈内心就有心理创伤。文文原来有个哥哥，一次事故中在妈妈眼皮底下遭遇车祸去世。自从有了文文以后，妈妈总是心存余悸，不能够安定下来。于是，文文也越来越离不开成人的注意了。

案例3：他听不懂老师的话

9岁的浩浩，总是木木地坐在教室里，眼睛望着天。老师说什么，他好像都没有听。就连班长和老师在上课时说"起立"和"坐下"时，浩浩也常常没有反应。

当老师走到他身边跟他说什么时，浩浩总是怯怯地看着，好像老师说的是外星的语言。浩浩常常被老师和同学们怀疑有语言问题，但是，家长知道，浩浩在家里，尤其遇到爷爷奶奶，似乎很能说，一点儿问题都没有。

为什么会这样？

原来浩浩小时候，包括上幼儿园期间，由于父母工作忙，所以总是跟爷爷奶奶一起生活，直到上小学后，才回来跟父母住在一起。但是，浩浩总觉得跟父母不亲近，父母说什么话，他也好像没有反应。见到爷爷奶奶后，浩浩才觉得安全，才放松下来，叽叽喳喳说个不停。人在觉得不安全的时候，首先是要花精力确定自己跟对话者的关系，至于对方说什么，往往是进不到心里去的。

这三个案例的一个共同点就是，这些孩子都有一颗不安定、不安全的心！而孩子内心的不安定、不安全，往往与他们的父母，或者其他主要抚养者、

聚焦家庭教育

监护人有关!

《诗经》中有一句话"战战兢兢,如临深渊,如履薄冰",为什么会战战兢兢呢?因为站在薄冰上,缺乏一个安全的地基!为什么孩子内心会不安定、不安全呢?因为缺乏一个安全稳定的家庭氛围,缺乏一个安全基地!

只有当我们理解了注意力的辩证关系之后,我们才能够默默地、无微不至地关注孩子,给孩子提供一个安全基地,从而让孩子能够聚焦于自己想做的事情,从而更好地适应社会,更顺利地成长!

同时,作为成年人,我们必须弥散性地注意周围的人,注意自己的爱人,注意自己的公公婆婆/岳父岳母,注意自己的家务,注意自己的工作,从而既干好事业,又处理好人际关系,既处理好家庭内部关系,又处理好家庭外部关系,还能不断自我成长!

延伸阅读

温暖的墙

2016年9月7日下午,在北京开往合肥的高铁上,我碰到一对30多岁的夫妻,带一个4岁左右的小男孩。我坐在车厢一头靠窗的一个位置,旁边就是这对带孩子的夫妻。

下午2:46发车,这个4岁的孩子上车后就睡在父母怀里,一会儿由爸爸抱着,腿放在妈妈身上,一会儿由妈妈抱着,腿放在爸爸身上。妈妈坐在中间,抱着孩子的时候,孩子的脚会时不时地碰到我,但是我感觉很好,不觉得被孩子踢着是个冒犯。内心感慨,做个孩子真幸福!

大约下午4:00,孩子醒了。这时,好戏,大戏,才真的开始了!

爸爸起来,站到走廊里,有时站到我们身后,让孩子坐在中间,妈妈坐在旁边。孩子开始玩卡片,一种带着卡槽的可以拼接各种造型的卡片。孩子爱动，时不时脚会踢到我，我动也不动，有时睡觉，有时听听随身听里放的音乐，有时看书，偶尔也看看孩子插出的各种造型。

这位年轻的妈妈，大概是看过家庭教育和心理学的书，爱鼓励孩子。会经常说，"你真棒！你摆得太好了！"卡片掉在地上时，也会善意地提醒，"卡片掉在地上了"。也会经常问孩子一些问题，给孩子提一些建议。

哈哈，妈妈的嘴就没有停过！过了一会儿，孩子就用手打妈妈了！妈妈生气了，说："你打妈妈，不让你玩了，这是用妈妈的钱给你买的。"

孩子生气了，开始用力地捶打卡片，把卡片扔得满地都是。妈妈气急败坏地告退了，爸爸上场了！收拾好卡片，重新开始。

这时，孩子开始把我当堵墙了，时不时轻轻地靠在我身上，摆弄卡片。手臂，也经常放在我的手臂上，摆弄卡片。他的身体，柔柔的，凉凉的，挺舒服。我有时也稍微躲一躲。但是，他时常会肆无忌惮地跟过来，但是动作很温柔。

爸爸，也是一个爱说话的，经常性地评论和建议。不一会儿，儿子又动手把爸爸打走了！

于是，爸爸和妈妈两个人，都站在座位后面，看着孩子玩了。一路上，孩子跟我这个陌生的大爷，有着肌肤之亲，和睦相处。

他也不回头看我，我也只看着我的书，有时想休息眼睛，也会看看他，看看他的作品。我每次看他，他似乎也能感受到。哈哈，这个孩子，似乎已经成了我的孩子（可能有点儿自恋），但是一路无话。到达合肥南站，我提前收拾东西，到车厢前头了，并没有跟孩子打招呼。孩子也很安静。

我写这些，其实就是想说：孩子，不需要父母的语言，只需要父母稳定的关照，稳定的限制！需要的就是把自己当作一面带着探照灯的有温度的墙，眼睛看着孩子，给孩子提供安全保证！

在孩子成长中，大部分家长由于爱说话，成了噪声制造者。火车上的这对夫妻，已经有点类似了，他们还觉得他们很时髦，很会教育，很关注教育，很懂教育！

在家庭中，墙最有权威，稳稳地立在那里，遮风挡雨，同时规定了人们的出路和方向！父母也要当一面有温度的墙，保护孩子，同时挡着他们，不让他们伤害社会、伤害他人！稳定的、明确的规则，以及无言坚定地贯彻规则的行动，就是墙。对孩子无言的关注，就是墙的温度。

耻

耻，耳止。这个由"耳"和"止"构成的"耻"，背后可以引申出什么对日常生活有用的含义呢？

耻，听到不想听的东西，内心波浪翻滚，只想不惹人注意地捂起耳朵，悄悄离去，甚至极端一点儿地说，想找一个地裂缝钻进去，躲避当前的刺激，这可能就是比较经典的"耻"感状态了。

耻，通常有两种功能，一种是积极的，一种是消极的。

知耻而后勇。不堪、不愿忍受内心的波浪翻滚、痛苦折磨，人找到了前进的勇气，开始不畏艰险，勇于承担责任，开始善待自己和身边的人，回报社会。

当然，也有人害怕丢面子，怕遇到耻辱的事情，而逃避，给自己找借口，结果，让自己丧失了很多进步的机会，并且带来更多内在耻感。

那么，作为一个生活在信息爆炸、舆论洪流中的现代人，一个可能人前人后都被人议论、也不断议论别人的现代人，怎么发挥"耻"的积极作用，避免"耻"的消极作用呢？

我觉得要创造一个新字，或者赋予一个旧字"訨"一个新的意义才行。

耳朵，作为一个信息采集器官，是不能止的，最好也不要止！如果终止或者闭塞对现实信息的采集，闭目塞听，回避现实，我们就会遭遇更大的挫折，遭遇更多的耻辱！

所以，由"耳"和"止"构成的"耻"的这方面的含义或联想（终止对刺激性信息的采集），让耻感，具有了消极功能！

如果，"訨"这个字，把它理解为现在的"耻"，那么，耻的消极倾向可以避免，积极含义则无限扩大了！

由"言"和"止"构成的"訨"（在遇到耻辱的时候，尽量止语），可以让我们在遇到挫折、丢面子的场景时，继续活在当下，打开眼耳鼻舌身，敏锐地收集信息；同时，言止，也让我们觉察当下影响自己的思维模式和主导观念，不被自己的陈旧观念所束缚，从而活在当下，解放思想，找到创造性解决当前困境的方法。

我们都活在自己的思想监狱中，有很多自动化的思维模式和主导观念在影响我们。如果我们能够增加一点儿觉察，对很多熟视无睹或者信以为真的事情，能够经常琢磨着换个角度去看看，自己跟自己常常抬杠（吵架和辩论），说不定会有新的发现，并让自己豁然开朗呢。

最后，面对广阔无垠的彼岸世界，我们作为一个生命有限、所知有限的渺小的人，怎么可能不止语，不耻（訨）呢？怎么可能不打开自己眼耳鼻舌身等五官，去尽情地感受这个丰富多彩、无限变化的世界呢？

第三章　没有金刚钻，别揽瓷器活儿

第三章
没有金刚钻，别揽瓷器活儿

一、三个维度

经常有家长问，孩子有时控制不住自己的行为，上课、上自习的时候总说话，影响他人学习，怎么奖惩都没有用，怎么办？

还有家长问，孩子对别人的情绪感知很弱，经常招惹别的小朋友，怎么处理？

孩子之所以会出现这样的行为，一个常见的原因是，家长自己在家庭教育过程中，在跟孩子接触的过程中，缺乏对孩子的情绪的感受，缺乏对孩子行为以及内心状态的敏感度，由于孩子自己的情绪经常得不到父母的关注，必须做出很强烈、很出格的行为，抚养者（通常是父母）才会来关注他，才会来控制他，因此为了得到父母的关注，增加跟父母的接触，孩子的行为就越来越激烈，越来越容易做出出格的事情。

被家长忽视的滋味，对于孩子们来说，是很难受的。可以这样说，孩子们宁愿在屁股上被踢一脚，也不愿被家长不理不睬。如果父母对孩子很敏感，经常关注着孩子，孩子稍微有一个举动，就能够从父母的表情、眼神中感知到父母的反馈，孩子就既能够感知到父母无言的关心，也能得到父母无言的反馈，加深跟父母的感情，借鉴父母的智慧，那么孩子的自制力就会越来越强，对别人的情绪感知力也会越来越强。

本书要跟大家分享一下家庭教育的三个维度。要想培养一个自制力强、情商高的孩子取决于这三个维度。

第一，家长对孩子的情绪是积极的还是消极的，或者说，家长对孩子是

25

接纳的还是拒绝的？

　　有些父母总觉得孩子给自己添麻烦，是自己的累赘。这种对孩子拒绝的心态，孩子也会感受到，慢慢地会降低孩子的自信心和安全感，这种孩子的自制力、自控力和情商的发展就会出问题。

　　第二，家长对孩子的需求是敏锐的还是迟钝的，或者说，家长是否经常关注着孩子？

　　孩子嘴一动，敏锐的父母就知道他饿了；孩子腿一蹬，敏锐的父母可能就知道他热了或冷了。在婴儿期，家长往往会比较关注孩子，但是在孩子长大了，三四岁之后，父母对孩子的这种敏锐度往往会下降，往往会忙于工作或家务，对孩子的关注度少了，这时候孩子也会通过做出出格的事情来吸引父母的注意。时间长了，也会出现各种问题。

　　第三，家长跟孩子的关系是合作型还是控制型？

　　家长对世界、对孩子的行为，往往有自己的一套想法，总觉得自己是对的，孩子应该服从自己。但是家长往往忘了孩子的行动，是基于他自己的感受与体验，自有其合理性。如果家长总是武断地认为自己对，孩子不合理，总是去干涉孩子，那么孩子就会越来越不配合，越来越容易逆反，做出出格的事情。

　　所以，孩子的很多问题，都与父母在跟孩子平常接触的时候，在接纳—拒绝、敏锐—迟钝、合作—控制这三个维度上的表现有密切关系。希望家长朋友们不断提高自己对孩子的敏锐度，提高自己与孩子的合作性，无条件地爱孩子（对孩子的积极情感），这样，很多问题就会化解于无形之中。

二、四个关照

　　家长是孩子的监护人、抚养者，是一个对孩子负责的人。同时，绝大多数家长都是普通人，很多事情都需要我们自己做，并且没有人保护我们（我们没有保镖和跟班）。既要保护别人，同时还要保护自己，因此，我们必须弥散性地注意周围的一切。

怎么实现这种弥散性地注意呢？

动力沟通理论告诉我们，一个好的家长，必须实现四个关照：关照身体，关照感觉，关照思想，关照这个关照本身。

1. 关照身体、关照感觉

身体是一切的根源。有这样一个心理学的实验：让一部分人嘴里含着一块糖（甜的），去答一个问卷；让另外一部分人嘴里含着奎宁（苦的），让他们去答同一个问卷。结果发现，含着糖的那部人的问卷结果更快乐更舒服，而含着奎宁的那组人的问卷结果，显示出他们并不愉快。

这两组人，在别的方面没有任何差异，就是因为嘴里含着的东西不一样，这种身体的状态就影响了他们的心情，影响了他们对问卷的作答，所以人必须时时刻刻关照自己的身体状态，否则自己的心情就会不知不觉地变化了。

另外，我们中国人为什么见面后会请吃饭，并且好多问题要放在饭桌上谈呢？

因为饿着肚子不舒服，谈事情肯定会受影响。当大家酒足饭饱，心情比较愉快的时候，谈事情往往也就比较顺利了。所以，饭桌上谈事情，也是关照身体的一个表现。

关照身体，也往往跟关照感觉有关系。饭菜的色香味，人的相貌和举止，环境中的各种光线、声音、味道、温度，身体的冷热酸麻，我们都要注意到，否则就会不知不觉地受影响。

同样，有这样一个有名的心理学实验：在一个闷热的日子，让调查员给人打电话做心理调查，询问人们的幸福度问题。对一部分被调查者，在问幸福度之前，加了一个问题，"今天天气怎么样？"被调查者多数回答"糟透了，太闷了"，对另外一部分被调查者没有询问这个天气问题，而是直接进入心理提问。

结果很有意思。那些一上来被问到天气的人，其问卷结果明显比没有问到天气的人的问卷结果要幸福快乐一些。

心理学家对此的分析是：被问到天气的人，因为意识到自己的状态不好是由天气闷热引起的，因此对自己有了更清晰的认识，所以心情受天气的影响就降低了。那些没有被问到天气的人，因为缺乏对天气影响的清醒认识，所以心态更容易变化。

所以，中国人讲究在办正事前要"寒暄""聊天"，爱在餐桌上谈事情，都是有心理依据的，都是要增加对身体的关照，增加对环境因素的觉察，降低无关因素的影响。

2. 关照思想

除了关照身体和感觉之外，我们还要关照思想！注意自己的想法。我们头脑中经常思绪翻飞，如俗话所说的，思想像脱缰的野马，或者像到处乱跑的猴子，等等。

我们要觉察自己头脑中的想法，因为它们会不知不觉地影响我们对世界的判断。大家都知道有首诗写道：感时花溅泪，恨别鸟惊心。花儿本来就开着，上面有点儿露水，很平常；但是我们自己伤感的时候，就觉得是花在流泪。鸟儿叽叽喳喳地叫着挺高兴，我们高兴的时候常常会说，小鸟在唱歌；但是我们在跟朋友分别的时候、难受的时候，我们就会觉得鸟叫声惊心。

所以，要时时刻刻觉察我们头脑中有什么样的想法，知道自己在想什么，从而尽量少受固定想法的影响和束缚。

3. 关照这个关照本身

前面写了要关照身体、感觉和思想，第四个关照，是要关照这个关照本身，关照自己那双正在关照自己的眼睛！

我们怎么知道我们正在受思想影响？我们怎么知道我们身体的状态影响了我们？我们怎么知道天气影响了我们？

那是因为，我们那双关照自己的眼睛打开了！如果这个自我关照的眼睛闭上了，我们常常会忘记自己的身体，忘记不断变化的现场，从而陷入某个固定的想法中，画地为牢，闭目塞听了。

举个例子，我们都知道前些年的"马加爵事件"，大学生马加爵用锤子把四个同学给砸死了,为什么会这样呢?有什么深仇大恨吗?

后来根据马加爵自己的供述,就是因为一起打牌的时候,那几个同学骂他说,怎么他总赢呢?肯定是偷牌不讲规矩了。他听了同学的这几句话之后,受到极大的刺激,他认为这些人侮辱他,他的自我价值感、尊严全因为这几个人的几句话而崩塌了。

此时,他的世界都取决于这几个人的几句话。此时,他忘记了爱他的父母、姐姐,忘记了自己的身体,忘记了周围的空气,忘记了自己还在呼吸,在他的心中,只有这几个人恶毒的语言。也就是说,他被这几个人的嘲笑以及背后透露出来的侮辱给全部占领了。认为自己被完全摧毁了,因此做出了失去理智的致命的举动。

如果这时候,他能够回归到自己的身体,感受空气进入呼吸道的感觉,感受周围的鸟语花香,再想想自己的亲人,想想周围的这些人也有自己的身体感觉,不仅仅是那几句恶毒的语言,那么他就会知道那几个骂他的人,说他偷牌的人,可能就是他们自己心情不舒服,输了牌不高兴,他们自己在发泄情绪,只是暂时拿他当了出气筒而已,跟他本人的价值没有任何关系。那么,他就不会做出这么过激的行为。

因此,从另外一个意义上讲,马加爵为什么会杀人,原因就是马加爵太专注了,他过于专注在那几个人对他的嘲笑和侮辱上,而忘记了背后的整个世界。如果他有这个关照自己的眼睛,那么整个过程就会有所不同。

关照身体,关照感觉,关照思想,关照这个关照本身,这四个点,就构成了一个立体的金刚结构,即自我金刚结构。中间连接身体、感觉、思想和关照本身的,就是自我(见图3-1)

这个关照,就是动力沟通理论常常强调的反观之眼!要自己关照自己,自己做自己的心理咨询师,自己做自己的慈母,自己陪伴自己。

俗话说,"没有金刚钻,别揽瓷器活儿"。如果我们经常关照自己的身体、感觉、思想,关照这个关照本身,那么我们慢慢就成了无坚不摧、金光灿灿的金刚石,那么,做起事情来,处理起各种关系来,自然会游刃有余!

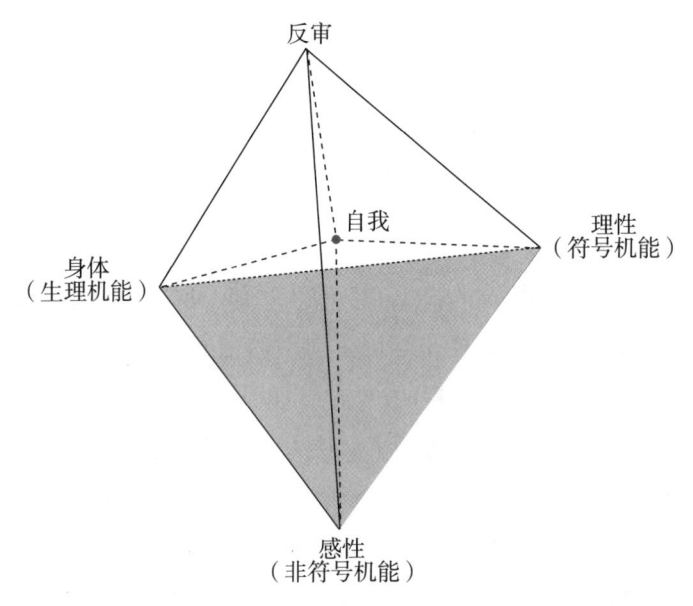

图 3-1　自我金刚结构

三、亲子之间的斗争

看到这个标题，一些读者可能内心会产生疑问：对于如天使般的孩子，大大的眼睛，红红的嘴唇，嫩嫩的脸庞，稚嫩的身体，家长爱都来不及，怎么还需要斗争呢？

其实，斗争充满着家庭教育的所有环节！从孩子一生下来，就开始存在着孩子的天性与社会要求之间的斗争。

孩子有自己的生活节律，家长要慢慢地把这些生活节律扭转过来，让孩子逐渐白天多活动一点儿，吃喝拉撒尽量放在白天，晚上尽量多睡少活动，这其实就是斗争。

当然了，有斗争也有妥协，孩子实在需要，夜里实在饿得大哭，家长也要不断地抱抱他，给他喂奶。但是还要争取慢慢地把这些生活节律扭转过来，让孩子白天多活动少睡，晚上少活动多睡！

在这个过程中，父母还要跟自己的所谓爱心做斗争。如果总是心疼孩子夜里哭，总是不断地抱着孩子喂奶、说话、走路，那么孩子的生物钟可能真的就颠倒了，晚上孩子可能就不睡了，把周围的人都折腾得够呛，到最后还形成了一个坏习惯。

孩子慢慢地长大了，他自己会跑了，会说话了，于是跟家长的斗争也越来越激烈了。

比方说，孩子尽管会跑了，但是他非要由家长抱着，这时候家长就要跟孩子斗争，要跟孩子讲条件，例如，"你要往前走，走到那个电线杆，我抱你五分钟"，不能够所有的事情都顺着孩子！

弗洛伊德说过，幼儿的欲望就像一个沸腾的大锅，可以把整个世界蒸了，煮了，都不能够满足幼儿的心！所以，如果家长不跟孩子的自我中心的欲望做斗争，那么孩子就不会控制自己的欲望，也就不会跟他人交往，反而成了一个小皇帝、小霸王了。

孩子上了幼儿园，斗争方式也会花样翻新！孩子总会试探父母的这种底线，看家长说话算不算数。看电视要看多长时间，玩手机玩多长时间，几点钟睡觉，睡觉前是否刷牙……每一次行动，每一个规则的确立，都是要斗争的！

如果父母不能够坚持原则，总是说话不算话，那么很多规则和习惯是根本不能形成的，孩子会把家长惹得非常的恼火，到最后往往是以父母的妥协，或者是以父母情绪爆发，把孩子揍一顿，而宣告结束！所以，规则的形成和习惯的养成，也是一个漫长的斗争或博弈过程。这需要父母与孩子建立亲近的感情，并且尽量少说，但是一说马上就要执行。

上了小学，斗争就更多了。做家庭作业要斗争，玩游戏要斗争，几点起床，几点睡觉，今天头疼肚子疼是否上学……充满了斗争！还有，周末是否去见爷爷奶奶、姥姥姥爷，见了他们之后怎么说话等等，都需要斗争！

因此，家庭教育就是一个充满斗争的过程。在这漫长的斗争中，父母要把握住什么样的原则呢？

斗争的核心原则就是"少说多做"。

只有当你认为某件事情是孩子必须做的，不做不行，才能对孩子提出要求。并且说了就一定算数，如果不能保证这一点，就不要说。

父母对孩子讲述有关行为规则性的话语时，一定要是决绝的，不容挑衅，不容试探。当然，这种规则一定要越少越好，一定要少而精。可说可不说，就一定不要说；可管可不管，就一定不要管，给孩子自主权。

其实，大部分行为习惯，都是通过家长的行为熏陶慢慢形成的。家长早上和晚上，自然而然地按时刷牙，如果孩子跟家长亲近，不用说，孩子也乖乖地跑到卫生间去刷牙。吃饭时，家长彼此关注着，柔声细语，细嚼慢咽，孩子在这种彼此关注的氛围下，也学会了柔声细语，细嚼慢咽。

如果家长在吃饭时想着其他事情，狼吞虎咽，把吃饭时间变成了一个走过程的加油时段，而不是情感交流的温馨时段，那孩子受这样的家长的影响，慢慢地，也会吃饭时心不在焉。

身教重于言传。好的行为习惯都是通过行为熏陶，潜移默化形成的。

四、一分钟责备法

当孩子触犯了规则时，怎么贯彻上面提出的"少说多做"的原则呢？在这里，向读者推荐一个方法：一分钟责备法。

一分钟责备法，就是在一分钟之内解决问题，短平快，稳准狠。

孩子一旦犯了原则性的错误，如做了伤害他人的事情，一定要采用霹雳手段让孩子难受，让孩子知道自己错了，让孩子痛苦（包括适度的体罚，如打孩子的屁股），总之要让孩子因为犯了错误而难受！当然，有的孩子比较敏感，家长一个严肃的表情，或者瞪孩子一眼，孩子心里就会变化，会流眼泪。那么这时候，就可以不用体罚。

一分钟责备法，分为两个阶段。前 30 秒让犯错的孩子感到难受，怎么让孩子难受，父母就怎么办。

在让孩子难受 30 秒之后，进入第二阶段。

这时，家长深吸一口气，平静地告诉孩子："刚才，你犯了错误。我惩罚的是你身上的错误，惩罚的是你的坏做法！刚才我们通过斗争，把你的坏做

第三章
没有金刚钻，别揽瓷器活儿

法给打跑了！你还是爸爸妈妈的好孩子！我们永远爱你！我们惩罚的、斗争的，都是你的坏做法！爸爸妈妈也希望你将来能帮着我们，也跟你的这些坏做法不断地斗争！每一次都要取得胜利！你发现爸爸妈妈有什么坏做法的时候，你也要帮着我们跟这些坏做法斗争！我们共同跟这些坏做法做斗争！"

经过这样的一分钟责备法，孩子既知道自己错在哪里，为自己的错误受到了惩罚，同时，学会了区分自己的行为和自己的关系，也确认了父母对自己无条件的爱，并确立了自信。

亲子之间的斗争，一分钟责备法，这些行为背后，隐藏着什么呢？隐藏着父母对其自身的爱，对孩子无条件的爱，对社会、对他人的爱！

由于家长爱自己，爱自己的配偶，爱自己的亲人，也爱这个社会，因此不允许自己年幼的且不懂事的孩子，在还没有形成社会规则意识的情况下，去伤害别人，不允许他伤害自己的亲人，也不允许他伤害自己，当然也不允许他伤害自己的父母，这就是家庭教育中斗争的含义！

正是因为我们爱自己，爱自己的配偶，爱自己的爸爸妈妈，爱自己的兄弟姐妹，爱这个社会上跟孩子接触到的所有人，因此，我们作为家长，会限制孩子霸道的欲望，跟孩子无意识或者有意识地伤害别人的做法做斗争。

本书的作者之一王文忠博士长期研究家庭教育，在2008年5月12日汶川大地震之后，王博士长期从事灾后危机干预工作，接触了很多来自世界各地的心理专家，其中就有一位日本专家。在长期工作中，王博士和这位日本专家熟悉了起来，他们彼此欣赏建立了类似朋友的关系。

有一天，这个日本专家说："王博士，我问你一个问题。一个三四岁的孩子要爸爸妈妈给他买一个玩具，父母却没有给他买，他躺在小区的马路上哇哇大哭。假如你是他的父母，你会怎么办呢？"

王博士说："那不能向孩子妥协。随便让他哭去，不能够让他通过哭来达到满足自己愿望的目的。"

这位日本专家说："我们日本人不会这么干。作为爸爸妈妈，我们会严厉地批评他，甚至会踢他、揍他，一边踢一边骂他，告诉孩子，这路是小区的路，有好多人要从这走，你躺在这地上哭是伤害了别人走路，影响了别人走路，快起来。"

听了这位日本专家这番私下朋友般的谈话，王博士内心感到很羞愧，想到自己还是研究家庭教育的，经常提到家庭教育的原则，第一就是父母要爱自己，爱自己的配偶，第二是无条件地爱孩子，第三就是爱社会，要惩罚孩子因为自己不合理的欲望而对社会造成的伤害。但是，在这位日本专家提出问题时，王博士自己就没有从第三个原则上考虑问题，即孩子躺在这个社区的路上哭，影响了别人行走！

五、跟霸道的思想做斗争

在前面我们重点描写了家长跟孩子自我中心的欲望做斗争，跟孩子可能会伤害社会、伤害他人的行为做斗争。其实家长还需要跟自己、自己的配偶和亲人的不合理的思想及不合理的行为做斗争。

比方说，假设你是位妈妈，你可能看不惯自己的丈夫甚至婆婆或者公公教育孩子的方法，总觉得他们的做法会害了孩子；而你总觉得你是对的，总试图去说服他们，按照你的方法来。

在这种情况下，你要怎么斗争呢？跟谁斗争呢？

本书的作者之一王文忠博士倡导的动力沟通理论强调，在这种情况下，你一定要跟自己的这种思想做斗争。

一般来说，在家里，爷爷、奶奶、爸爸、外公、外婆等等，每个成年人都在用自己的方式对孩子好，你作为妈妈也是在用你的方式在对孩子好。

为什么你一定要认为你的方式最正确？你为什么要认为孩子的爸爸对孩子不好？为什么要认为孩子的爸爸的父母，即孩子的爷爷、奶奶对孩子不好？你为什么要认为你的父母，即孩子的外公、外婆对孩子不够好呢？

作为家长，请认真思考上面这几个问题……

作为明智的父母，首先就是要跟自己这种至高无上的，认为"自己绝对正确"的这种想法做斗争！

在面对孩子的时候，首先要想到自己的配偶，自己的父母，配偶的父母，想到他们做法的合理性，并且让孩子知道他们做法的合理性。这样做，也避免了孩子钻空子，否则，他会用成年人之间做法的差异、说法的不同钻空子！他会在妈妈跟前，利用爸爸的话为自己辩护！在爸爸面前，利用妈妈的话或者其他不在场的人的话为自己辩护，从而浑水摸鱼，坐山观虎斗！

如果在跟孩子接触时，你（此时还使用上文的假设，假设你是孩子的妈妈）每次都强调自己的配偶、公公婆婆及爸爸妈妈的做法的合理性，孩子就不会钻空子，这样，反而更容易其乐融融，更容易互相尊重。

所以，首先是跟自己霸道的思想做斗争，不要总认为自己正确，别人错误。

同理，我们的配偶、父母或者配偶的父母，跟我们生活在一起，他们也是人，他们也有霸道的思想，他们也总想让我们在教育孩子的时候按照他们的想法来，这时候怎么办呢？

如果总顺着他（或他们），你也会生闷气。如果不顺着他（或他们），而且当面跟他（或他们）吵，也会增加家庭的矛盾，更会让孩子隔岸观火，坐山观虎斗，甚至让孩子也学得不尊重父母。这该怎么办呢？

要斗争，并且要讲究斗争的艺术性。

比方说，你在管教孩子的时候，你的父母总是在旁边指手画脚，对你说三道四，这时候怎么办呢？

这时候，你就要结合现场，进行系统的觉察，感受家里方方面面的人的感受，然后再说话，同时对所有的人说话！

再具体一点儿，比方你正抱着孩子，逗孩子玩呢。你的婆婆在旁边冷言冷语地说："孩子会走了，就不需要总抱着了。"

这时，你该怎么办呢？

你可以这么说："妈妈，您说得太对了。孩子长大了，就不需要妈妈总抱着了。您这个儿媳妇，今年也都30多岁了，都当了妈妈了，抱着孩子，逗一会儿，您老还不放心，在旁边这么热心地提醒。妈妈，您给我的建议，想做到挺难呢。"

就这样，结合现场，不温不火，把对方思想的霸权，有理有利有节地轻松地顶回去！在这种过程中，还鼓励了孩子发展自主性和独立性，让孩子也能够从中发现人际斗争是不可避免的，但是斗争也是要讲艺术的，尊重别人，最好以子之矛攻子之盾！

现在，我们总结一下家庭教育中涉及的斗争的方方面面的内容。

第一，要跟孩子自我中心的欲望做斗争，让孩子适应社会，让孩子不伤害自己，不伤害他人。

第二，跟自己思想的霸权做斗争，不让自己总处于一种居高临下的指点别人的角度，要让自己时刻发现自己的配偶、配偶的父母及自己的父母行为的合理性，承认他们做法的合理性。

第三，当自己的配偶、配偶的父母及自己的父母总用他们霸道的思想来约束自己的时候，也要有理有利有节地展开斗争。最好能结合现场，以子之矛攻子之盾，让每一次斗争都增加家庭的和谐，增加孩子的自主性，增加孩子对全局的把握。

这就是我们强调的家庭斗争的艺术。

六、爱的音符

俗话说，没有规矩，不成方圆，我们也都知道，没有变化就没有旋律。

动力沟通理论强调，斗争，是家庭教育的主旋律，而爱是家庭教育的每个音符！也就是说，作为家长，我们的每一个动作或者每一句话都是以对孩子、对家人及对自己的爱为出发点的，但是以斗争的方式呈现出来的。

换句话说，家庭是一个充满了爱的地方，但是这些浓浓的爱意是以斗争的方式呈现出来的，正是因为我们爱孩子，爱社会，爱自己，爱配偶，所以才会限制孩子的那些不合理的欲望。

也正是因为我们爱自己、爱配偶，我们才去限制自己思想的霸权，去发现自己的配偶、亲人教育孩子的合理性！自己不断解放，不断进步！

同样，也正是因为我们爱孩子、爱自己，也爱配偶，所以我们才觉察自己的爱人和其他亲人，不让他们思想的霸权占了上风，还要跟他们的思想霸权做斗争，要坚持自己合理的做法。这样，在不伤害亲人尊严，不妨碍家庭和睦的前提下，让自己的亲人能不断地解放思想，不断进步。

这么多爱的音符，从哪里流出呢？从前面提到的自我金刚结构中流出。

只有当我们打造了自我金刚结构，时时刻刻处于这个金刚结构的顶端，成为自己的心理咨询师，经常默默陪伴关照着自己，对自己的身体、感觉和思想都很敏感，对自己采用一种积极的、接纳的、合作的态度，那么，我们自然而然就能够对孩子比较敏感，对孩子比较接纳，对孩子采用一种合作的态度。如果我们对自己都不敏感，不接纳，总在思想的霸权下自己折腾自己，那么我们对家人，对孩子，也不可能好到哪里去。

前面提到的方法（例如，一分钟责备法，以子之矛攻子之盾，等等），看似简单，但是要想把它做到位，做得恰到好处，能够结合当时的实际需要，背后都要有一种长期的自我认识、自我修炼的基础，即所谓的内功。

怎么认识自己，怎么爱自己？

认识自己，爱自己，首先要把自己分开，要有两个自己，一个自己在外边像心理咨询师一样，另外一个自己在现实生活中承担着各种各样的责任。

爱自己，时时刻刻地爱自己，就是要时时刻刻地一分为二。

俗话说，举头三尺有神明，动力沟通理论认为，所谓举头三尺的这个神明，就是我们自己的出局反观之眼，我们自己随身携带的心理咨询师。这个反观之眼，在自己的头顶三尺，陪伴关照着自己，所有的爱，都从这里流出来。

我们大部分人由于没有打造自我金刚结构，没有经常保持出局反观之眼，其实经常是不爱自己的。在遇到事的时候，往往一门心思地去关注这件事，被事情完全吸引，忘了出局反观，忘了陪伴关照着自己，所以很多时候往往利令智昏，玩物丧志。从根本意义上讲，就是那个出局反观之眼，那个陪伴关照自己的眼睛，那个爱自己的深情的目光，关闭了。

只有当我们时时刻刻都有这样一种出局关照的目光，在头顶陪伴着自己，观照着自己的时候，我们才能够说我们真的爱自己。

所以动力沟通理论强调，成熟的人，时时刻刻都至少有两个自己，一个正在深深海底行，在现实中承担着责任；另外一个立在高高山顶上面，陪伴着自己、关照着自己，用爱的目光注视着自己。

七、精神分裂？

有的读者看到这里，可能心里会嘀咕：总有一个"我"在外边，在头顶看着自己，那不就成了两个人，成了精神分裂了吗？

对，就是这样。

动力沟通理论强调，一个真正成熟的人，必然是一个分裂的人，时时刻刻都有一个自己正在局中承担着责任；有另外一个自己，在局外陪伴关照着自己。一个高高山顶立，一个深深海底行。

相反，那些真正的精神分裂症患者，那些正在医院里接受治疗的精神病人，往往没有真的分裂，他们完全陷在自己的思想中，缺乏对他人感同身受的能力，不知道他人在想什么、需要什么，因此，他们伤害了别人却不自知。

正是因为他们缺乏那个出局反观的眼睛，伤害了自己的亲人，伤害了他人，当他人再也无法承受的时候，为了其他人正常的生活与工作，这些在自己的想法中上下折腾，不能出来看一看的人，才被关进了精神病院。

所以，事实真相是：那些从来不曾出局去观察自己，观察周围人的人，他们的内心会矛盾且分裂；那些经常分裂的人，那些经常出局观察自己，出局陪伴自己，用爱的目光注视着自己的人，反而在现实生活中游刃有余地活着，在承担着各种责任，在做着对自己、对他人、对社会有益的事情。

亲爱的读者，祝贺你读到这里了。祝贺你经常处于"精神分裂"状态。正是因为我们总能够出局去观察自己，陪伴自己，用爱的目光欣赏自己，所以在这个充满变化的世界上，我们还能"战战兢兢、如履薄冰"地走着。

我们再回过头去看一遍动力沟通的自我金刚结构（见图3-1）。

自我金刚结构，处于顶点的反观的我，是自我咨询师。

处于底部的正在承担责任的我，包括身体、感性和理性，是行动的我。

居于反观的我和行动者的我中间，隐藏于自我金刚结构中心的那个我，是反思的我。我们大部分人过去所说的那个我，其实就是这个反思的我，就是笛卡尔说的"我思故我在"的我。这个我，是极端不稳定的。

这就是动力沟通强调的自我的三个层次：行动的我，反思的我，反观的我。大部分人只能意识到那个反思的我。换句话说，成熟的人，都是一分为三的：行动者，反观者（陪伴关照者），反思者。

只要我们有了自我金刚结构，我们就能够始终爱自己，始终陪伴自己！当我们能够稳定地爱自己时，也就能够稳定地爱自己的配偶，能够无条件地爱自己的孩子。

八、一个多动症的孩子

一个单亲妈妈带着一个上小学三四年级的儿子。儿子被诊断为多动症，在学校不能集中注意，并且经常打这个摸那个，非常难管理，这位妈妈动辄就会被叫到学校去。这位妈妈因为一个偶然的机会接触了王文忠博士，王博士为她提供了心理咨询服务。

这位妈妈是一个公务员，一个党政干部，为人比较好强，什么事都非常积极，里里外外都操持得很好，甚至离婚了之后也仍然跟自己婆家人关系非常好。总之，这就是一个通情达理、勤劳、要强、贤妻良母式的人物。可以说，这位妈妈心中装了很多人，唯独没有她自己，所以活得非常累。她一个人的时候内心也是非常焦灼的，并且由于儿子表现不好，内心非常绝望。儿子知道妈妈的状态，故而内心也是非常绝望的，于是经常在学校做出一些意外的闯祸的举动。

在咨询过程中，首先就是让这位妈妈学习放松，练习美人技术（见附录），觉察自己身体的紧张，觉察自己头脑内的各种想法，让自己紧张的身体、紧张的心，一点儿一点儿地舒缓下来。随着妈妈的放松，她对孩子的要求也慢慢地放松了。

例如，过去，这位妈妈一接到老师的电话，头就会像炸了一样，觉得自己又丢人了，风风火火地赶到学校之后表情也难看，孩子也尴尬。到学校见到孩子，往往一上来就骂孩子，跟孩子的冲突就又加剧了。

接受了几次动力沟通咨询后，有一天，这位妈妈又接到老师的电话。她首先自己平静下来，并且也想到了孩子的不容易：孩子没有爸爸的关爱，在学校又受到老师的批评，惹了祸，孩子内心可能很绝望、很难受……妈妈自己的心稳了，体会到了孩子内在的焦灼，再到学校见到孩子之后，表情就很温和，再没有过去那种愤怒地要炸了的状态，孩子看到妈妈平静的状态，也很惊讶。

在跟老师交流的时候，这位妈妈也能保持平静，说话的调子很缓和，带着孩子走的时候，孩子也就乖乖地跟着她走了。在回家的路上妈妈还带着孩子去买了点儿吃的。总之，孩子觉得很神奇，觉得妈妈跟过去不一样了，所以孩子也更配合了。从那之后，这个孩子也像变了一个人似的，学习成绩上去了，并且还成了班里边的尖子生，而这位妈妈的职位也提升了。

这是一个接受动力沟通家庭顾问服务十个月左右的案例。案例的核心就是：这位妈妈开始觉察自己，开始陪伴关照自己，开始接受自己的这种状况，不再一定要当一个女强人，不再一定要求孩子如何优秀。当她能够体谅自己、自己放松下来的时候，她也能够体谅孩子，当孩子在学校又闹出事之后，她能够体谅到孩子的这种状况；由于她体谅了孩子的状况，孩子被她接受了之后，孩子的心态也就慢慢平静了。孩子过去的所谓多动症的行为，是孩子内在的焦灼的投射，是孩子对自己和妈妈都不放心的一种外在投射。当妈妈安定了；当妈妈能够理解他了，他慢慢也就安定了，安定之后，内在的力量就采用一种积极的方式表现出来，在课堂上认真地听讲，课后认真地做作业，学习成绩也快速提高了。整个家庭就换上了一副新面貌。

九、全民健心运动

动力沟通理论，提倡一种全民健心运动，核心就是提倡每个人打造自我金刚结构，自己成为自己的心理咨询师。

上面那个案例中提到的动力沟通家庭顾问服务，也是通过各种手段，让

第三章
没有金刚钻，别揽瓷器活儿

家长自己安心。怎么安心呢？就是陪伴着家长，让家长慢慢学会自己陪伴自己，学会自己出局观察自己，做自己的咨询师。

孟子说过，"大人者，不失其赤子之心者也"，就是说，伟大的人物都有一颗赤子之心。但是怎么能够保持这颗赤子之心呢？孟子没有说，动力沟通提供了答案。

只有在慈母的怀抱里，在慈母关注的目光之下，我们才有这颗赤子之心。如果没有人像妈妈那样爱我们，没有人像妈妈那么关注我们，我们孤独地在世界上奋斗和挣扎时，保持赤子之心是不可能的。我们必须时时刻刻保持警惕，防备来自外部的伤害，为自己的生存而挣扎和操劳。

慢慢地，我们长大了，而我们现实中的母亲不可能时时刻刻跟着我们，因此，我们的赤子之心往往就不能够保持。

那么，怎样才能时时刻刻做一个大人物？怎样才能时时刻刻不失赤子之心呢？

答案就是，自己做自己的慈母。自己做自己的心理咨询师，自己打造自我金刚结构，自己出局陪伴关照好自己。只有这样，我们的赤子之心才能够保留。

俗话说，"没有金刚钻，别揽瓷器活儿"。没有自我金刚结构，在这个信息爆炸、快速变化的世界上生活，绝对也是一件非常困难的事情。当一个好家长，没有自我金刚结构，会更困难。为什么家庭教育的任务比较艰巨和困难？原因如下。

第一，一名普通老师，不管是幼儿园老师、小学老师、初中老师、高中老师，还是大学老师，其教学对象都是分年龄段的；但是，家长的教育对象是不分年龄段的，从自己（或自己的妻子）怀孕一直到自己的孩子生孩子（自己当上爷爷奶奶或外公外婆），家长可能都要参与，时间比较漫长，跨度比较大。

第二，对一名普通老师来说，语文、数学、化学等等，都是分科的；但是，从孩子的品德，到个人生活，从生理到心理，方方面面，家长都要施加影响，家庭教育是全方位的。

第三，普通老师的利益卷入度没有那么高，在学校是老师，离开了学校，老师还有自己的家庭，有自己的事，做老师只是一个职业行为；但是，家长和孩子的利益卷在一起，一荣俱荣，一损俱损，因此，更需要家长保持一种清醒的目光。

第四，普通老师上岗前经过各种培训，获得了各种学历；但是成年人有了孩子之后，就成为了家长，具有了家庭教育的资格和责任。

由于这四个方面的原因，家庭教育注定充满了各种困难，所以就更需要家长进行艰苦漫长的自我成长，更需要家长打造自我金刚结构，自己爱自己、自己陪伴自己。只有当家长能够爱自己，陪伴自己的时候，才能够保持一种敏锐的目光，才能够保持一种合作的态度、一种接纳的态度，这样，才能够真正地做好一个家长，无条件地爱孩子。

所以，出局觉察的目光，就是慈母的目光。它，洒向人间的都是爱，洒向自己的，洒向自己的配偶的，洒向自己的孩子的，洒向自己的公公婆婆的，洒向自己的爸爸妈妈的，都是爱。

最后，本章在这里总结一下。

当家长入局去承担责任的时候，当家长深深海底行的时候，自然会跟爱人，跟公公婆婆（或岳父岳母），跟自己孩子，跟他们那些不合理的欲望、不合理的做法、霸道的想法进行斗争，进行碰撞。

同时，还要对自己的霸道的思想，保持觉察并进行斗争，避免用自己那些霸道的想法去影响他人、控制他人、阉割他人。也只有学会对自己霸道的思想进行觉察和斗争，才能更好地与身边人的霸道的思想进行觉察和斗争。

当家长拥有了自我金刚结构，能够出局反观时，爱的音符，就从自我金刚结构的顶端那个自我心理咨询师，那个自己的慈母那里，流出来。

延伸阅读

毕生发展观

根据动力沟通的核心命题——理性（思想）与感性（感觉）的关系，动力沟通理论提出了以下毕生发展观。

0~3岁：用理性辅助感性。

婴儿只是一个身体和感受性的结合体，来到人类社会，就在父母的理性世界里，接受着种种关爱，慢慢地学会了说话，并在头脑中形成了关于世界的概念和形象。

3~30岁：理性阉割感性。

语言是把双刃剑。人在自立之前，一直在被他人滋养着，也在被他人阉割着。阉割的重要工具，就是语言。儿童关于世界的丰富感受，逐渐被语言清晰化和狭窄化。儿童的感受，在能够用语言跟他人交流的同时，丧失了自己的独特性和丰富性。

30岁以后：增加感性，驯服理性。

三十而立以后的成年人，如果局限于自己的理性（概念系统）中，将丧失鲜活的生命力，并且会不断地跟具有每个人自己的概念系统和心理世界的他人、跟变化的世界产生冲突。只有增加对世界的感受，活在当下，同时，用理性记录和跟踪自己和他人的感受，才能保持创造力和合作精神。

用形象简洁的语言，可以这样描述人的毕生发展。

0~3岁：给孩子纯洁的感性心灵，穿上语言的盔甲，把孩子从动物变成人！

3~18岁：孩子穿着语言的盔甲，用语言的利剑互相搏击，开始学习人的谋生手段。

18~30岁：用语言的枷锁、利剑和锄头，互相捆绑、伤害并谋生，实习各种人的谋生手段。

30岁以后：大部分人继续像18~30岁那么做，少部分人努力挣脱思想的牢笼，活出自己，自我实现。

根据这个毕生发展观，作为家长在家庭教育时，要注意些什么呢？

0~3岁：照顾好孩子的身体，同时根据孩子的注意范围，把他们感觉的东西，用语言呈现给他们，教他们掌握语言。

3~6或7岁：在孩子掌握语言之后，上小学之前，家长尽量少指导、少说话，陪伴关照孩子，成为孩子的安全基地，让孩子自主、独立、安全地探索世界。

上小学以后：家长尽量少指导、少说话，陪伴关照孩子，通过身教培养孩子的出局反观能力，让孩子能够自己陪伴自己，像看电影一样，看着自己，同时慢慢感同身受地去理解别人，善解人意，并为家庭、他人、为集体做出自己的贡献，成为社会中有用的一分子。

跟老人和孩子较劲儿

一个下午，回家路上，因为要和出版社的编辑联系一件事情，我就在马路旁边的步行道上靠墙停下来，通过微信发文字信息联系。这个步行道比较宽，并排走四五个人没有问题。我正低头写字时，后面一个四五岁的小男孩，骑着幼儿滑板车，过来了。

这个孩子到了我身后，就非常厉害且自信地喊"让开，让开"。一边喊，一边拍打我的屁股。他的高度，拍打我的屁股正合适。

我心里想，这个孩子，怎么这么自信呢？于是我决定先不理他，看看他的反应。

还没容我多观察（因为我头没回，还在写微信），一个60岁左右的老同志走到我身边，用手拍了拍我的肩膀，示意我让开！这位老同志估计是孩子的爷爷或外公！

这下，我可不乐意了！我也没说话，头照样没有抬，接着写微信！但是，脸，拉了下来！眉头，皱了起来！身体肌肉，绷紧起来！

估计那位老同志感觉到了这种无声的寒意，赶紧拉身后的孩子走。孩子不愿意，走到我身边，躺在地上大哭！一边哭，还一边喊："我不干，我就要从他那边走！"

我继续装做什么也没有看见，低头写微信！

那位老人，一会儿看看我，一会儿看看孩子，最后吓唬孩子说："我走了，不管你了！"但是，孩子继续躺在地上哭。

第三章
没有金刚钻，别揽瓷器活儿

后来，哭声慢慢微弱了。老人忽然回来，一手拉起孩子，一手拿着滑板车，快步走了。

看着他们走远了，我才停止写微信，也悠然回家了。

我心里想，怎么有这么轻浮无礼、溺爱孩子的爷爷或外公呢？这个孩子，跟着这样的爷爷或外公，以后在人生的道路上可能会走得不太顺畅。我还想观察一下孩子的自然反应，结果被这位老人搅黄了。事情发展到这一步，可能就是这个老人眼里只有自己的孙子，没有他人的原因吧。不知各位怎么看这件事？

第四章

家庭教育的类型和层次

一、家庭教育的四个类型

关注家庭教育的家长都知道家庭教育有四个类型,即权威型、专制型、溺爱型和放任型,而这四个类型就是根据关注和限制这两个维度来划分的(见图4-1)。

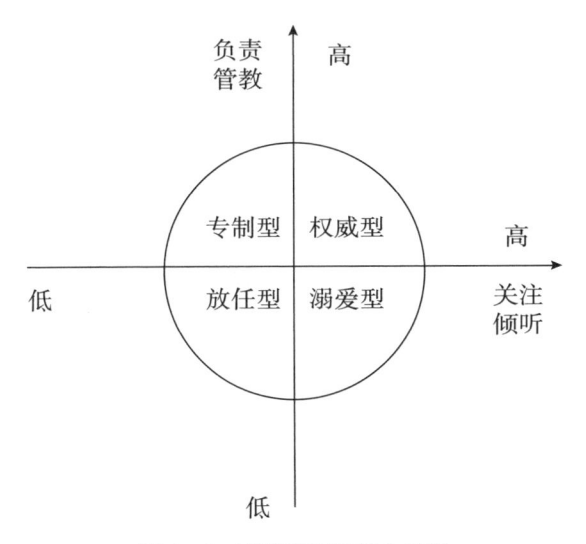

图4-1 家庭教育的四个类型

如果一个家长既关注孩子,同时又能够限制孩子(限制孩子对其他人的伤害),既关注满足孩子的需要,关注孩子的状态,同时又关注其他人的需要,他会限制孩子对其他人的侵犯,做到关注度高且限制度高,那么这样的家长就属于权威型。

如果一个家长只关注自己的孩子而不限制自己的孩子，只关注满足孩子的需要，而不限制孩子对其他人的伤害，那么这样的家长就属于溺爱型。

相反，如果一个家长只关注其他人的需要，只限制孩子对其他人的伤害，而不关注孩子本身的需要，那么这样的家长就属于专制型。

最后，如果一个家长既不关注孩子本身的需要，也不关注孩子对其他人的伤害，对孩子的关注和限制这两个维度都低，那么这样的家长就属于放任型。

比较理想的家庭教育方式，就是既关注孩子本身，又关注孩子生存现场其他人的需要，做权威型的父母。这样的家庭里成长起来的孩子既能够朝气蓬勃地自我成长，同时又能够觉察到他人的需要，跟其他人和谐相处。这样的孩子，无论是在上学期间，还是走向工作岗位之后，都能够游刃有余，既生龙活虎地发展，又能够融入现场满足他人需要。

相反，那些专制型的家长，他们的孩子内心受到了压抑；溺爱型的家长，他们的孩子不能够觉察到他人，总是会处处碰壁；而那些放任型的家长，他们的孩子根本得不到父母的注意，也注意不到别人，这样的孩子往往会丧失自信和价值感。

在第三章，我们说过，家庭教育的三原则包括：第一，爱自己、爱配偶；第二，无条件地爱孩子；第三，爱社会。这三原则与家庭教育的四个类型的关系是什么呢？

无条件地爱孩子，就是关注孩子。

限制孩子，就是第三个原则"爱社会"和第一个原则"爱自己，爱配偶"的结合。正因为爱社会，爱配偶，爱自己，所以，不能够放纵孩子，让孩子由于他无意识的行为方式，或者由于他的无知，由于缺乏社会经验，而伤害了社会，伤害了其他人，包括家长自己。

所以，理想的家庭教育方式是，既关注孩子本身的状态，同时又限制孩子对其他人伤害，做一名权威型的家长。这个道理，前面已经反复强调，现在，在本章中，我们把这个道理再从多个角度进行延伸。

二、家长作为自己的家长

动力沟通理论强调一个成熟的人,要有自我金刚结构。所谓自我金刚结构,就是要有出局反观之眼,成为自己的陪伴者,成为自己的心理咨询师,成为自己的慈母,成为自己的家长。成年人,自己作为自己的家长,其实也有类型的划分:权威型、专制型、溺爱型和放任型。

各位读者,你在陪伴自己的时候,在做自己的家长时,你知道自己属于哪个类型吗?很多成年人,作为自己的父母,往往都属于专制型、溺爱型或者放任型。

成为自己的专制型家长,是什么样子?

很多成年人,一门心思地取得社会意义上的成功,取得老板、同事、朋友、亲人的好评,而忽视了自己的需要,对自己的本身的状态一点儿都不关注,总是试图去满足他人。具体表现为,限制自己,约束自己,苛刻自己去满足他人,因此成了自己专制型家长。这样的人往往是不幸福的。

成为自己的放任型父母,是什么样子?

很多成年人,既不关注自己的状态,也不关注社会的状态;不关注亲人的状态,同时也不关注朋友的状态,整日浑浑噩噩,成为行尸走肉,丧失了生活的目标与意义,随波逐流,这就是自己成了自己的放任型的家长。

当然,也有一类成年人,自己成了自己的溺爱型家长,不关心别人,不关心社会,不关心家人,不关心亲戚、朋友、同事、同学,只关心自己,只想着自己的那点儿事,什么事都从自我中心的角度出发,把自己的一点点的需求看得比天都大,成为一个完全自私自利的人,对自己溺爱,结果到了社会上行不通,不受欢迎,到处碰壁!

作为一个成年人,我们首先自己要成为自己的权威型家长,既敏锐地关注着自己的需要,关注着自己的各种各样的欲望想法,同时也要关注周围的人,关注亲戚、朋友、邻居、爱人、孩子、领导、下级等方方面面的人,关注他们的身体状态、感受与想法,从而进行一个恰当的平衡,既不伤害自己,也不伤害他人。成为自己的权威型家长，其实就是打造自我金刚结构，成为一个既高高山顶立，陪伴关照自己，同时又深深海底行，承担社会责任的人。

在本节，我们初步总结一下，家长的四个类型的两层含义。

第一层含义：作为一名家长，我们既要关注孩子本身，同时也要关注孩子所处的环境中的其他人；我们既要无条件地爱孩子，同时又要限制孩子对其他人和事的伤害；我们作为家长，不要作一个只限制孩子而不关注孩子的专制型家长，也不要做一个不关注环境，不关注他人，只关注孩子，只满足孩子的溺爱型家长，更不能做一个既不关注孩子也不关注他人的放任型家长。

第二层含义：动力沟通理论提倡我们每个人都要成为自己的家长，做自己的陪伴者，做自己的心理咨询师，自己成为自己的慈母。因此，我们自己也要成为自己的权威型父母，我们既要关注自己、陪伴自己、爱自己，同时也要关注社会、爱社会；我们不要像大多数人那样只关注社会，只满足社会的评价，只满足自己在社会上的成功的欲望，而忽略了自己内在的需要，忽略了自己的身体和感受，成为自己的专制型父母；同时，我们也不要成为自己的溺爱型父母，只满足自己的需要和欲望，而伤害了其他人，伤害了社会；当然了，我们也不要成为自己的放任型的父母，既不关注自己，也不关注社会，整日浑浑噩噩，成了一个行尸走肉。

这是第二层含义，就是把家庭教育的理想的状态用在自己身上，自己成为自己的权威型父母。

三、让孩子成为自己的权威型家长

家庭教育的另一个境界是，通过言传身教，让孩子成为他们自己的权威型家长！

让孩子成为自己的权威型家长，是什么意思呢？

就是陪伴孩子，让孩子也把自己打造成自我金刚结构，让孩子既能够关注自己，又能够关注他人（同伴、老师、家人、邻居、陌生人等等）；让孩子能够出局反观自己，自己成为自己的咨询师，自己成为自己的慈母，同时，

第四章 家庭教育的类型和层次

又能入局承担责任,搞好自己的学习、人际关系和生活自理!

所以,作为一个成功的明智的家长,除了上一节提到的两层含义,还有第三层含义,即让孩子成为他自己的权威型家长。在我们的言传身教、长期熏陶之下,让孩子打造自我金刚结构,让孩子也能够时刻地跳出来,自己成为自己的咨询师,自己成为自己的父母,自己成为自己的权威型家长,陪伴着自己,在现实中承担责任,学会学习,学会生存,学会合作,学会工作!

其实,孩子们的很多问题,都是跟孩子在关注自己、关注他人这两个方面的表现有关系的。

为什么有的孩子会成为小霸王,脾气暴躁,往往是因为他们只关注到了自己,只关注到了自己的欲望,而关注不了别人,不知道别人需要什么,他们自己成了自己的溺爱型家长,什么事都顺着自己心中的小孩,而忽略了社会,所以他们就比较霸道,脾气暴躁!也就是说,霸道的孩子,就是自己当了自己的溺爱型家长!

相反,为什么一些孩子在学校总受欺负,什么东西都被别人抢走,自己也不敢反击?父母也总觉得自己的孩子懦弱,被欺负了之后,只是委屈地告诉老师,但是告诉老师之后也照样解决不了问题,照样被欺负。父母见到这样的孩子往往很着急,责怪孩子,"你为什么不去抢回来?你为什么不去打他?"然而这样的孩子总害怕伤害了别人!孩子为什么会处于这样的一种状态呢?因为,这样的孩子,自己成了自己的专制型家长,他们不关心自己的需要,只去关心别人的需要,只怕伤害了别人。

当然,还有第三类状态的孩子,他们对什么事情都丧失了兴趣,成了所谓的灰色儿童。既没有对自己的关注,也没有对他人的关注,陷入一种类似自闭或者抑郁的状态,让家长很揪心。为什么孩子会处于这样的状态呢?就是因为他们成了自己的放任型家长:既不关注自己,也不关注他人,丧失了生活的活力。

孩子的理想状态就是自己成为自己的权威型家长!做什么事情都生气勃勃,兴趣盎然,同时他也能够快速地觉察到他人的需要,根据现场的大多数人的需要采取行动!因此,这样的孩子到哪儿都受欢迎,到哪儿都能成为孩子头。因为他既爱自己，充满自信，同时也爱别人，知道别人需要什么，到哪儿都能够跟别人打成一片，顺利地融合到新的团队中间。

这样的孩子，聪明实在、善解人意，人人都喜欢。那么这样的孩子是怎么形成的呢？

这样的孩子，往往都是从家长那里长期观察、熏陶和学习来的。因为他的家长具有自我金刚结构！家长稳定地爱自己，稳定地爱家人，爱周围的人，当然也稳定地爱自己的孩子；同时，也能够限制孩子不伤害他人。这样的家长的孩子，从小就受父母行为的熏陶，心态的熏陶，自然而然也能够稳定地爱自己、爱他人、爱社会！安全依恋关系背后的心理基础，就是这个！

只有当一个家长具有自我金刚结构，能够成为自己的权威型家长，稳定地爱自己，关注自己，同时又能稳定地爱他人，关注他人，跟他人和谐相处，这样，他才能够建立和谐融洽的夫妻关系，才能够为家庭建立一个和谐的环境。

这样的家长有了自己的孩子之后，他们也能够稳定地爱孩子，无条件地爱孩子，同时也限制孩子对他人的伤害，让孩子慢慢地融入这个社会中。同时他们也能够成为孩子的安全基地，在家长稳定的注意和支持之下，孩子也能够安全地去探索这个世界。当孩子遇到困扰和挫折的时候，或者看到陌生人的时候，他们也能够回望自己的父母，从父母那儿得到信息，得到支持与保护。这样，孩子就能健康成长，充满自信和创造力，并且能够适应社会，最后慢慢达到"从心所欲而不逾矩"。

如果一个家长没有这种自我金刚结构，不会稳定地爱自己、关注自己，也关注不到周围的其他人的合理需要，那么他自己就会到处碰壁，要么任性霸道，要么回避退缩，往往也很难建立一个良好、稳定的夫妻关系，也很难建立良好、稳定的朋友关系、同事关系，当然也很难获取丰富、优厚的社会资源，因此，他也很难组建一个幸福的家庭，而且他自己会陷入一系列的麻烦之中，因此也很难稳定地关注孩子，自然也不能够跟孩子建立一个安全的依恋关系，不能够成为孩子安全的港湾。那么这个家长的孩子，由于观察不到一个良好的榜样，自然而然也不能够稳定地爱自己，稳定地爱社会，那么他自然会出现各种各样的问题。

四、觉察

各位读者，你还记得第三章我们说过的，明智的家长的三个维度：敏锐－迟钝、接纳－拒绝和合作－控制。在本章中，我们又提到了家庭教育的两个维度：关注和限制。第三章的三个维度和本章的这两个维度有什么关系呢？

提示各位读者一点：真理是简单的，越简单的越接近真理。

无论前面说的三个维度，还是这里说的两个维度，其实本质都只是一个：觉察，或者说关注。

关注与限制两个维度中的限制，是指关注到其他人的需要，来限制自己的孩子。

三个维度中的敏锐－迟钝：自然是关注的问题，觉察的问题。敏锐就是关注到了，觉察到了；迟钝，就是没有关注到，没有觉察到。

三个维度中的接纳－拒绝：接纳，肯定是在觉察的基础之上的接纳！只有关注到、觉察到了，才有接受和拒绝的问题。如果没有关注和关注到，只有拒绝，而且还是无意识的拒绝。

当然，有读者可能会说，"由于我疏忽，没有觉察，贼进了我的房间。这不是一个反例吗？我没有觉察，贼反而进来了。"

谢谢读者的敏锐。不过，在没有觉察的情况下，贼进了房间，但是，这不是你接纳了贼，而是你的房间接纳了贼。对我们这个人来说，的确只有觉察到了之后，才有接受和拒绝的问题。大部分人觉察到了贼之后，都是拒绝的，总要想办法把贼赶走！有一个故事，说一个修行非常高的和尚，看到贼进屋之后，装作没有发现，怕贼受到惊吓。等贼偷完了东西，要走的时候，老和尚才说，盖在身上的这个袈裟，比较值钱，你也可以拿走……

同样，三个维度中的合作－控制也是以觉察为前提的：只有当你觉察到了自己，也觉察到了对方，同时你接纳了自己和对方，才有合作的问题。否则，没有觉察，就没有接纳，更没有合作。还用前面的比喻，贼趁你疏忽，进了你的房间，你也没有对贼的接纳和合作的问题。那个修行很高的老和尚，觉察到了贼，接纳了贼，并跟贼合作了，建议贼把自己值钱的袈裟也拿走！

所以，无论是敏锐－迟钝、接纳－拒绝、合作－控制三个维度也好，还是关注与限制两个维度也好，其实都是一个维度，即关注和觉察。

你是否看到了，你是否觉察到了？你是否敏锐地觉察到了？你是否觉察到了自己又觉察到了他人？是否既觉察了孩子，同时又觉察了孩子的身边人？

只有你都敏锐地觉察到了，你才会无条件地爱孩子，同时又限制孩子对他人的伤害。只有你都敏锐地觉察到了，你才不再迟钝，不再拒绝，并保持合作的态度。

觉察是一切的核心，动力沟通的一系列的技术，美人技术、康德技术、马克思技术、孔子技术和呼吸技术（见附录）其实都是让人既觉察自己又觉察他人，既不被自己的欲望所控制，同时也不被他人的霸道要求所控制。只有觉察到了，才能摆脱这些不合理的控制。

注意到了，才有觉察。只有觉察到了自己，才会爱自己；觉察到了配偶，才会爱配偶；觉察到了社会，才会爱社会；觉察到了孩子，才会无条件地爱孩子，才会限制孩子对社会、对他人的无意识的伤害。

基于觉察这个核心，我们拓展了权威型家长的三个层次：做孩子的权威型家长；做自己的权威型家长；让孩子成为他自己的权威型家长，让孩子，既关注自己，又关注他人。

所以，把握住了关注和觉察，把握住了专注力这个牛鼻子，一切问题都好解决了！注意到了自己，同时又注意到了他人，就会自己成为自己的权威型家长。

五、专注力的本质

所谓专注力，其实就是你要用心力去专注一个点，关注这个点，忽略周围的东西，从而对注意的焦点进行清晰的觉察。换句话说，专注就是注意焦点，忽视其他的过程。

但是生活中，人的任务是不断变化的，注意的焦点也是不断变化的，此刻注意的焦点，可能下一刻就会成为注意的边缘。比如，孩子这会儿专心地做作业，下一刻可能就要专心地去刷牙、吃饭或跟爷爷奶奶去说话。随着时间和任务的变化，注意的焦点和注意的背景，也在不断转化。

人的学习能力和适应能力，其实就是随时随地根据任务的需要，转换注意的焦点的能力！我们既要敏锐地注意到注意的焦点，同时又要根据任务的变化，随时变化注意的焦点，把原来不注意的东西纳入我们注意的范围！

为了说明这个问题，这里用自己的孩子和其他人的孩子，来比喻焦点与背景的关系：

注意的焦点，就是你心爱的孩子，其他的背景，都是不相关的其他的人的孩子。然而，过一会儿，任务变了，注意力的焦点也变了，原来你不注意的东西，那些背景中的东西，可能又成为你心爱的孩子；而你原来的那个心爱的孩子，你原来注意的焦点，反而成了不相关的陌生人的孩子，成了背景。

这个比喻，带来了权威型家长的第四层次的拓展，这次拓展，是一个根本意义上的拓展，即随时随地，我们都要成为世界中间的某个信息的父母，要成为这个信息的权威型的家长，敏锐地关注它，同时又保持对环境的觉察，并且根据任务的变化，随时准备变化注意力的焦点，把其他信息当成自己心爱的孩子。

这就是哲学上讲的主要矛盾和次要矛盾的转化，以及矛盾的主要方面和次要方面的转化。所以动力沟通理论一再强调，作为家长必须要是一个哲学家，我们日常生活中要想游刃有余地处理问题，是需要具备哲学素质的。

比如，在你希望孩子专心做作业的时候，孩子一会儿看看这儿，一会儿摸摸那儿，家长说话他总插嘴，你觉得这是一个问题。然而，到了跟人交往的时候，孩子能够敏锐地听到爷爷奶奶说了什么，爸爸妈妈说了什么，周围的其他人说了什么，你会觉得这是个优点。如果在人际交往中，你的孩子一门心思地沉浸在自己的事中,对周围的人不理不睬,你又会觉得这是一个缺点。

再如,你的爱人开车,你坐在副驾驶位。如果你的爱人专心开车,双目炯炯地看着前方,对你不理不睬,你会觉得很枯燥烦闷,这时你觉得爱人专心开车是一个缺点。但是,如果你的爱人跟你兴致勃勃地聊天,放着音乐,忽然一辆大卡车迎面呼啸着开过来,差点儿撞着你们的车,你的爱人手忙脚乱,匆忙躲过!这时候,你会觉得你的爱人跟你聊天、听音乐,保持刚才那种放松的状态又是一个缺点。

所以说,随着场景和任务的不同,注意力的焦点和背景是不断变化的。你关注的心爱的孩子和陌生人的孩子,也是时时刻刻要变化的。我们在专心致志地聚焦某件事情的时候,也要随时准备着,根据情景和任务的变化,转换自己的注意焦点。

归结前面所说的,我们可以得出四点:

第一,我们既要关注孩子,又要关注社会,成为孩子的权威型家长。

第二,我们既要关注自己,也要关注我们生存的背景,成为我们自己的权威型家长。

第三,我们还要影响启发孩子,成为孩子的榜样,让孩子既爱自己,也爱自己以外周围的人,让孩子成为他自己的权威型家长。

第四,我们还要根据现场和任务的需要,不断变换我们注意的焦点,一会儿把某个信息作为注意焦点(自己的孩子),把其他的信息作为背景(陌生人的孩子),一会儿又把背景中间的信息作为焦点(自己的孩子),把其他的信息作为背景(陌生人的孩子)。即随时随地要成为整个世界的父母,随时变换我们关注的焦点,变换我们关心的孩子。

如果不会变换注意焦点,而只关注一点,不计其余,那就叫作"一根筋""楞头青"。但是如果不关注重点,注意没有焦点,那又叫作注意力涣散,没头脑。所以,成熟且成功的人生,其实就是在这样一个注意力的焦点,随着任务的变化不断地转移,既让自己舒心,又适应社会,并做出贡献的过程。

六、焦点就是孩子

正如我们刚才的比喻中所说的，注意力焦点变化的过程，用家庭教育来做类比，就是一个不断地变换孩子的过程。

注意的焦点就是心爱的孩子，家长在注意这个心爱的孩子的同时，又要清楚自己注意力的边界，知道有一个广阔的自己没有注意到的背景，即存在其他孩子。随着任务的变化，人要不断拓展注意的边界，变化自己关心的孩子。

比如说，一会儿，学习是心爱的孩子，一会儿社交是心爱的孩子；一会儿你的孩子是你注意的焦点，一会儿你的配偶是你注意的焦点，一会儿你的公公婆婆是你注意力的焦点，一会儿你自己是你注意力的焦点。

总之，我们注意的焦点和背景是不断变化的，我们关心的孩子也是不断变化的。只有随着任务的需要，不断变化注意焦点的人，只有在保持着对焦点的注意，而又不忘记注意的背景的人，只有在关注心爱的孩子，同时还不忘记其他孩子的人，才是一个在生活中游刃有余的人，才是一个具有自我金刚结构的人。

只有这样的人，才是能成为孩子的权威型家长，也才能够成为自己的权威型家长，同时影响孩子成为他自己的权威型家长，而且成为整个世界的权威型家长，根据任务的需要，灵活变动自己注意的焦点和范围。

本章拓展出了权威型家长的四个层次，其实，归根结底就是一句话：家是一切的核心，做家长的能力是最核心的能力。对这一点中国古人反复强调过，只要你诚心正意、格物致知，成为一个合格的父母，你自然而然就能够齐家平天下，成为一个伟大的人物。而成为一个伟大人物的核心，就是专注力。

一个成熟的人，会随着任务的需要，不断地变化注意焦点，总是把跟任务有关的核心信息作为注意的焦点，进行敏锐的关注，把跟任务有关的最核心的部分作为最心爱的孩子，予以无微不至的关注；同时，随着任务的变化，调整注意的范围，可能过去不关注的某一块东西，又要变成自己心爱的孩子，用心去关注他。

所以，成熟的人生，就是要把整个世界作为自己的孩子，一会儿去关注这个孩子，把别的孩子当成背景；随着任务的变化，一会儿把另外一个信息作为最宠爱的孩子，作为主要矛盾，作为矛盾的主要方面！

这就是把整个世界作为自己的孩子，一会儿去摸摸这个孩子的脑袋，对他进行安抚，一会儿去拍拍另外一个孩子的屁股，把他作为注意的中心，这就是专注力的训练。

总之，我们活在世界上就是一个不断地变换注意的焦点的过程，而注意的焦点就是我们最宠爱的孩子，其他的都是这个孩子生存的背景。

你跟这个世界的关系是否和谐？

你跟自己的关系是否和谐？

你跟你爱人的关系是否和谐？

你跟你的朋友、同事、邻居的关系是否和谐？

……

这些问题的答案，都取决于你的亲子关系是否和谐，取决于你是否能够成为这个世界的一个权威型的家长。

看到这里，你可能明白了，作为家长，我们最应该感谢的，就是我们那个真正的孩子（此刻，他说不定正在几公里外的教室里听课，或者此刻正在你身边活蹦乱跳……）。正是从他那里，我们获得了家长的身份，以及家长的体验。

首先，要成为孩子的一个权威型的家长。成为孩子的权威型的家长，在无条件地爱他的同时，又要防止他无意识地伤害了他的生存环境！成为权威型家长也不是一蹴而就的，是我们在跟孩子的共处过程中，互相观察学习，彼此斗智斗勇的过程中，慢慢形成的！

其次，在跟孩子一起成长，在成为孩子的权威型的家长的过程中，你慢慢地练习成为自己的权威型家长，既对自己敏锐，又对自己的相关者敏锐。

再次，在我们的言传身教和稳定影响下，我们的孩子，也慢慢成为他自己的权威型家长，既对自己敏锐，又对自己的相关者敏锐。

最后，我们又慢慢地练习成为整个世界的权威型的家长，保持着自己对核心问题的专注力，同时又保持着对背景问题、边缘性问题的一种弥散性的关照，并且随着任务的变化不断地变换自己注意的焦点！即成为自己注意焦点的权威型的家长，对自己注意的焦点、核心、任务，主要矛盾、矛盾的主要方面全神贯注，但同时又用自己的余光注意到周围的世界，随时随地都要分出一小部分精力考虑到注意的边界，从边界中发现资源来促进这个核心任务的完成。

七、生活中的觉察

在此处，我们用一个跟家庭教育有关的例子，来说明注意焦点变化的重要性。

作为家长，我们都会遇到孩子不听话、闹别扭的时候。此刻，你思考过以下问题吗？

为什么你的孩子不听话？

为什么你的孩子此时此刻在跟你闹别扭？

你在全心全意地关注到孩子的同时，有没有想到或者用你的余光看到，或者你有没有用你的耳朵听到，如下信息：

你爱人的呼吸可能变化了？

婆婆此时走动的脚步都变化了？

公公此刻可能又咳嗽了？

……

这些信息你注意到了吗？注意到了，你分析其中的意义了吗？

在你跟你的孩子冲突的时候，你爱人的某种表现，你的公公和婆婆的某种表现，可能都跟你与孩子的冲突有关，可能在加重着孩子与你的冲突。

如果你没有注意到，你在教训孩子时的语言、表情和动作，可能就无意识地得罪了你的爱人，无意识的冒犯了你的公公和婆婆。

聚焦家庭教育

如果你没有这样一种随时变换注意焦点的能力，那么整个世界可能都会跟你作对。

相反，如果你跟孩子冲突时，能够注意到爱人、公公和婆婆的行为和状态，你可能就会根据你说完这句话之后，孩子、爱人、公公和婆婆的反应、状态，以及你对他们的了解，把他们纳入你调动的范围，让他们帮助你解决问题，从而调动了方方面面的积极性。

明智的家长，一定要注意到整个家庭的方方面面，把所有的积极因素都调动起来，让相关的消极因素消于无形，这就是一个注意焦点的变化、注意范围的拓展问题，这就是一个要成为整个世界的权威型家长的问题，所以本书认为，研究和提高专注力，是抓住了心理成长教育问题的"牛鼻子"。

提高专注力，就是要自己成为自己的慈母，成为整个世界的慈母，同时也是这个世界的一分子，既要出局反观自己，成为自己的陪伴者，成为世界的陪伴者，也要躬身入局，带着赤子之心，在现实中实践行动，这就是打造自我金刚结构。

延伸阅读

由于本章概念比较多，展开的层次比较多，运用的比喻、意象也比较多，因此在成书前，还特意找了几位比较熟悉的家长朋友读了读，看看他们的感受。下面是他们的反馈。

权威型家长的通道

做权威型的家长，我以前的理解就是要给孩子支持。今天看了本文，才明白，权威型家长，是有两个维度的——关注和限制，关注孩子的需要和愿望，限制孩子对他人的伤害和打扰，这样清晰的表达，让我一下子觉得容易理解了。

当看到第二层时，感觉抓到了精髓，家庭教育本就是自身的教育，现在

第四章
家庭教育的类型和层次

大部分的家庭教育就是教家长怎么教孩子，但是没有说先教自己。让家长成为自己的权威型家长，这个表达让我很是欣喜。

看到第三层，家长要给孩子做榜样，让孩子成为他自己的权威型家长。第一感觉就是为难家长了，这让还没会走路的家长就会跑，是不是太快了。但是一念转来，有目标才有动力，于是似乎更加通透了。家庭教育的目标，就是帮助孩子打造自我金刚结构，让孩子成为自己的慈母。

当看到第四层时，我有点儿困惑。于是，不再想这个问题，开始去做别的事情了……第二天早上边打扫办公室边思想，突然有了不一样的感受。

自我金刚结构顶点的反审认知，就是出局的注意力，悬浮注意。深深海底行的身体、感觉和思想，就是我们注意的内容。注意的焦点和背景，都是注意的内容，但是焦点和背景要根据任务的不同时刻进行变换。

因为我们注意力广度确实有限，那么进入到我们注意的内容（焦点和背景）也就有限。为了拓展我们的注意力广度，就只能提高顶点，提高我们反审认知的高度。

怎么提高呢？此刻，我想到了一万小时定律，一个人要成为行业的高手，必须经过长时间（一万个小时）专注的训练！那么，我们提高反审认知的高度，提高对注意的广度，提高注意焦点和背景的顺利转移能力，也就需要不断的练习。

提升的第一步大概就是在事上练，在干中学。看书学不会，光学理论也没什么用，不断体验，不断练习，才能不断地提高反审认知的高度和注意的广度与精度。只有在实践中不断地历练，才能得到更多的体会，也才能更高速地拓展自己的边界。

要想在生活之海中学会游泳，就得进到生活的大海中去，在岸上走走看看，学会的只是思想的框架。

如果回到家庭教育上，这种修炼，就是父母要为自己和自己的孩子提供安全的港湾。就像王文忠博士常说的，人对没有保护的后背，总有担心和恐惧。一个孩子如果担心父母不爱自己，担心父母指责自己，担心父母抛弃自己，那么这种恐惧就会让他没有办法提炼反审认知。

感受这个世界，感受自己、孩子、家人、朋友、同事、邻居，焦点时刻转换，洒向人间都是爱，这种能量的熟练运用，需要时刻的觉察练习。

（文字提供者：王丽芳）

家庭教育其实很简单

本章的内容，围绕关注和限制两个维度，把家长分为四种类型：权威型、专制型、溺爱型、放任型。

权威型的家长能够关注到孩子的需要，也能够关注到孩子所处的现场的他人的需要，从而限制孩子伤害他人和社会的行为。

家长为什么要关注他人的需要？为什么要限制孩子伤害他人和社会的行为？

因为人是不可能独立存活的，只要活着，就需要和他人合作交往，需要社会的支持。正是在这种关注与限制的氛围中成长的孩子，才会成为一个既能关注自己的需要，也能关注到他人的需要，既能够保持生命的活力也不伤害他人和社会，从而受欢迎的人，得到更多的关注和资源，从而更加自信幸福。

专制型的家长，关注的宽度不够，他们只能关注到他人、社会的需要，关注不到自己的孩子的需要和欲望，只去限制孩子不去伤害他人和社会，这样的孩子的内心，往往是苦涩压抑的，当然也就缺少了自我成长的动力和滋养。

溺爱型的家长关注的焦点就会更窄一些，他们只关注到了自己孩子的需求和欲望，不断地去满足，但是没有关注到孩子所在现场的他人和背景，自然也没有对孩子伤害他人的行为的约束，从而养育出小霸王式的孩子，到最后作为父母也苦不堪言，因为这样的孩子在家里、在学校与父母和老师、同学相处的过程中都会出现问题。

如果说，专制型和溺爱型的家长还能够觉察到某一个角度，那么放任型的家长就是闭着眼睛的，他们既看不见自己孩子的感受与需要，也看不见他人的感受与需要，就像水中的落叶，随波逐流，如行尸走肉一般活在这个世界上，感受不到生活的温度与价值。长期对孩子的放任，使得孩子也成为一

第四章
家庭教育的类型和层次

个闭着眼睛活着的人。

我忽然有一个感受：父母是什么样的人，就会养育出什么样的孩子，我们只有不断地去探索自己，觉察自己，把自己淬炼成一个权威型的人，做好孩子权威型的家长，孩子也才能既爱自己，也爱别人，成为自己的权威型家长。

你有没有用心去觉察自己和自己所在现场的他人与背景？

你有没有限制自己伤害他人与社会的行为？

你对自己是接纳的还是拒绝的？

你与他人、与社会是合作的还是抗拒的？

你是睁着眼睛，打开心灵之眼，用出局的觉察的眼光，看着自己和他人的，还是半睁着眼睛只看到某一个方面的？或者干脆是闭着眼睛浑浑噩噩的？

……

所有我们没有看到的地方，都会阻碍我们获得幸福与安宁，同时也让我们的孩子产生这样和那样的问题。

我们作为家长，自然关注孩子的成长，其实，要想做孩子的权威型家长，我们首先要学会做自己的权威型家长，从而引导孩子做自己的权威性的家长，最后当我们每个人能够做全世界的权威型的家长，彼此都能关注到自己、他人、社会的需要，限制自己伤害他人和社会的行为，每个人内心幸福而宁静，那么我们将会获得我们所追求的终极幸福。

写到这里，我忽然觉得家庭教育简单了，首先自己做自己的权威型的家长，让自己成为一个有出局的觉察眼光的人，高高山顶立，陪伴着自己、关照着自己，同时能够深深海底行，在家庭和单位中保持良好的身心状态，担负起自己的责任，成为一个有幸福感的人。这样，我们的孩子就会耳濡目染，通过父母的言传身教学会自己做自己的权威型家长，也成为一个幸福的人，这不就是我们一直在追求的吗？

最后，感谢读到的这篇文章，让我在家庭教育的困惑中清晰起来。我忽然想，如果更多的家长因为本书而清澈起来，把自己培养成权威型家长，那么很多家庭教育培训的机构就要关门了，因为家长们已经掌握了家庭教育之道。

（文字提供者：姜振华）

第五章 行动与语言

第五章
行动与语言

一、最初的言行合一

在第四章，我们分析了权威型家长的四个层次，所谓权威型家长就是既关注孩子的需要，又关注孩子周围人的需要，既保护了孩子，同时又不让孩子伤害周围的人，让孩子能成为一个既能欣欣向荣的发展，又能够跟周围人和谐合作、和睦共处的人。

那么家长用什么样的手段来达到这样的目的呢？众所周知，人其实就只有两个手段，第一是行动，第二是语言，并且语言永远没有行动重要。

很多家长的问题，往往就是说得多，行动跟不上，不能够言行合一，导致出现了种种问题。

我们知道，语言不能够养活孩子，婴儿一出生都是靠行动来哺育的，家长给他把屎把尿，给他穿衣喂奶，这些都是实实在在的行动，都是掺不了一点儿假的行动。

正是因为家长这种踏踏实实的行动，这种在关注基础上的体贴入微的行动，让孩子心身都得到了满足，从而在亲子之间建立了安全依恋关系，这样孩子才能够顺畅、舒心地发展。

人是会说话的动物，家长一边照顾着孩子，一边跟孩子说着各种各样的话，慢慢地，孩子也学会了说话。

父母在跟婴儿说话的时候，绝对是言行合一的。父母干了什么，孩子身边有什么，孩子注意到了什么，父母就跟孩子说什么。父母不会跟婴儿讲抽象的东西，不会跟婴儿讲虚假的东西，所以在婴儿的头脑中间，语言就是行动，语言就是事实。

婴儿一喊爸爸，爸爸就带着笑脸出现了；一喊姥姥，姥姥就出现了，会摸摸他的头，给他送东西；一喊妈妈，妈妈就出现了，开始抱着他，露出胸脯，给他喂奶……

所以，在婴儿的世界里，特别是在婴儿的亲子关系的世界里，语言即行动，行动即语言，这是一个言行合一的世界。

二、言语与行动逐渐脱节

然而，可怕且可悲的是，孩子慢慢地长大了，能够流利地说话了，能够独立地走路了，而这个言行合一的世界开始变化了。

变化的根源不在于孩子而在于父母。父母开始不再言行合一了，不再密切地关注孩子了，他们想把自己头脑中的东西通过语言来表达出来，让孩子去行动。

在孩子学说话、学走路时，是通过父母行动，再用语言来描述自己的行动，以此来描述婴儿周围的世界；在孩子会说话、会走路之后，父母开始用语言描述未来的事情，父母开始"画饼"和指挥，要让孩子通过行动去实现这个未来，所以父母不再言行合一了。而且由于父母的"画饼"和指挥能力参差不齐，所以，家庭教育往往出现各种各样的问题。

举例来说：幼儿正在说话，父母说不许说话，那么就是制止孩子当前的状态，要达成一个未来的状态，让孩子安静；幼儿正在到处跑着、闹着玩，父母说不许闹、不许跑，也是打断了孩子正在进行的行动，要形成一个父母理想中的行动，让孩子安静下来。

这时候父母的语言不仅不描述当下，而且是否定孩子的当下，对孩子构成一种限制或者引导。面对这种语言，孩子自然而然就会出现反抗。

儿童心理学上提到孩子发展过程中有两个反抗期，大家都知道的反抗期是青春期，这时候孩子由于身体成熟，心理的发育，开始会反抗父母。不过，青春期是第二反抗期。第一反抗期，是在三岁左右，在孩子能够相对流利地说话、独立地行动之后，孩子们开始反抗自己的父母。

在两岁之前，孩子的行动能力有限，父母的语言都是描述自己的行动，描述孩子面前的现实，而在孩子三岁左右时，父母对孩子的语言，往往不再是描述自己的行动，不再是描述现实，而是限制孩子的行动，指向一个未来的目标，要让孩子去完成。

当然，父母作为监护人和第一任教师，限制孩子，引导孩子，是必需的，父母就是要通过引导和限制，把孩子变成一个适应社会的人。但是，由于父母缺乏对孩子状态的深入了解，限制和引导能力差，方法有问题，所以导致了孩子的反抗。

所以，反抗不是必然的，反抗往往是由于父母缺乏对孩子的了解造成的。

父母在制止孩子的所谓不良行为、引导孩子走向未来的时候，是否有对孩子现状的觉察？是否有对孩子状态密切的关注？自己的引导，是否符合孩子的兴趣，符合孩子本身的需要和欲望？

对孩子状态的关注和了解，是关键！这就是第四章主题，权威型的家长的两个维度：关注和限制。在教育孩子、限制孩子的时候，权威型家长是密切地关注孩子的。

哪里有压迫，哪里就有反抗。首先，如果家长不能够密切地关注孩子，不了解孩子的内心世界，不了解孩子此时此刻在想什么，直接就去要求和限制孩子，那么引来的往往就是反抗。

其次，由于父母缺乏对孩子状态的觉察和关注，所以在对孩子进行语言限制和引导时，往往也是不自信的。

最后，由于父母不是言行合一的，他们在限制或者引导孩子的时候，没有伴随着切实的行动，孩子往往更不听话，反抗得更厉害，他总会不断地试探父母的行为的底线，试探父母说的是不是真的，因此带来了更为激烈的冲突。

三、一个言行不一的案例

为了说明上面的问题，我们把作者之一王文忠博士十多年前在一个咨询机构做兼职的心理咨询师时接到的一个案例分享给各位。

一个幼儿园的孩子，总是脾气暴躁，会伤害其他小朋友，而且会毁坏幼儿园的书籍和玩具。幼儿园的老师建议父母带着孩子看看心理医生，于是找到了王博士。

令人印象最深刻的是，一家三口来到咨询室坐下之后，这个孩子就一直动个不停，跑个不停，一会儿摸摸这儿，一会儿摸摸那儿，后来发现一个台子旁边放着一根咨询中心开内部会议时用的可以伸缩的像天线一样的教鞭。这个孩子拿着教鞭后非常兴奋，把它抽出来之后到处乱敲。

为了观察这个孩子及其家庭的动态，王博士没有限制这个孩子，而是一直平静地跟家长说话，用眼睛的余光跟踪着这个孩子。

这个孩子在耍了一阵教鞭后，想用这个教鞭打人。他先指向他的父亲，作势要打爸爸，爸爸不动声色；于是，他又转头指向了王博士，王博士也默默地看着他，面无表情；然后，这个孩子开始拿着教鞭指向了他的妈妈，他妈妈这时候一副无奈的委屈的样子，这孩子用这个教鞭打了他妈妈一下。

大家都没有反应，这个孩子又继续玩别的，王博士就继续一边和这对父母聊天，询问这个孩子的情况，一边用眼睛的余光观察这个孩子。

这个孩子忽然把咨询室的书橱打开，拿出里面的一本书，放在地上翻，翻着翻着拿起一页就要撕，这时候妈妈跑过去说"不能撕书，不能撕书"……孩子不理不睬，继续非常粗暴地翻书。这时候王博士起身，快速地走到孩子身边，把孩子的手握住，说："这本书不是让你看的，你把它放下来。"

孩子挺诧异地看着王博士，王博士坚决又平静地把书从他手里拿走，放回了书橱，把孩子领到了书橱旁边的一个小台子那里，那个台子就是一个让孩子涂鸦的设备。

台子上面有一层透明的塑料膜，塑料膜下边是一层涂抹层，孩子可以拿一支带尖的笔，在塑料膜上写写画画，塑料膜上就会出现各种痕迹构成图案。台子的边框有一个把手，画完之后，在下面把把手往另外一边一推，画上所有的痕迹就消失了，可以继续画。

王博士为孩子做了演示，孩子挺感兴趣，就开始画起画来了。家长和王博士继续聊这个孩子的状况。妈妈不停地抱怨这个孩子在幼儿园里如何闯祸，在家里边如何脾气暴躁，如何让人恼火等等。

王博士继续听了大概有十分钟，没有再客气，就直接跟这位妈妈讲："你观察到刚才那个情景没有？孩子为什么拿教鞭打了你一下？原因可能就是你面对着孩子挑衅时的不自信，让他打了你一下。还有，为什么孩子拿着咨询室的书乱翻，甚至要毁坏的时候，你的话不管用，而我的话就管用了呢？原因就是你仅仅用语言，而没有用行动来限制他，而我用坚定的行动限制了他。对于幼儿园阶段的孩子，只靠语言是没有用的，需要伴随着语言的坚定的行动，才真的起作用。家长往往就是行动不坚定。说了很多话之后，如果孩子仍然不听，家长自己会变得气馁，要么放弃了，要么发脾气，孩子恰恰需要的是平静的坚定的行动，这是关键。"

这对父母都是大学老师，受一些西方观念的影响，认为教育孩子要民主，不能够专制，因此不能限制孩子，时时处处要尊重孩子的意愿，要跟孩子讲道理。听了王博士这番话之后他们才明白对孩子讲的道理是一种伴随着行为的道理，是一种言行合一的道理。此后，又发生了一个戏剧性的场面，让这对父母体验到了言行合一的力量。

孩子在咨询室角落的台子上一个人画画，好像画腻了。另外孩子的父母和王博士说话时总说到他，他应该也在旁听。不知道这个孩子是为了检验妈妈的学习能力，还是自己真的画腻了，拿着画笔跑过来扎妈妈，一开始是轻轻地扎，在他妈妈手上试探性地扎着，突然用力扎了妈妈一下，扎得很疼。

妈妈这时候皱着眉头，告诉孩子："这支笔是用来写字的，不是让你用来扎妈妈的。"

然后，这位母亲也非常坚定地把笔从孩子手里夺过来，放回了那个写字板上。这时候，孩子情绪很平静，跟着妈妈过去了，又到那写字板上继续画起来了。

后来的谈话就非常顺畅了，这对父母和王博士主要讨论言行合一，如何平静地表达自己的愿望，并且伴随着坚定的行动这个主题。另外，王博士也提醒这对父母，不要随便对孩子提要求，提的要求越少，越坚定，孩子越会

73

觉得安全，家里的氛围也会越好。最后这一家三口平静地离开了咨询室。

总之，家庭教育中，家长就只有两个工具。一是自己的行动；二是自己的语言。在两岁之前，父母的行动和语言是完全言行合一的，而在孩子掌握了语言，能够独立行动之后，父母往往不再言行合一了，心口不再一致了，这是很多家庭教育问题的根源。

四、把孩子当成家长的咨询师

汉字的"家"，我们都知道是宝盖头下面一个豕（猪）。这个字可能就是要强调，在家里边，要少说话，家里人就是一群依偎在一起、互相关照保护的小动物，大家都利用行动来交往，互相依偎着保证彼此的安全。

动力沟通理论还有一个极端的说法，就是：父母在教会孩子掌握了母语之后，就不要说话了。所有的语言，最好用在家庭之外。家里面的每个人互相依偎，互相关照，还说什么话呀？让语言在家庭之外发生作用。

孩子在幼儿园和学校里，去听老师的话，去跟小朋友们说话。如果孩子听老师的话，跟老师配合得好，得到老师和小朋友们的喜爱，就能够从外边得到更多的外部社会资源。相反，在家庭内部，资源都是共享的，就是大家的，家人在密切的关注之下，彼此用行动来互相满足、互相支持就足够了。

当然，人是会说话的动物，家人之间必然是要说话的。一个明智的家长，会跟孩子说什么呢？

动力沟通理论认为，父母要向孩子说自己。把孩子当成自己的心理咨询师，把孩子当成领导和导师，经常向孩子汇报自己这一天的工作和生活情况，汇报自己生活和工作中的酸甜苦辣及遇到的困惑，让孩子给自己出主意。

这样做有什么好处呢？

第一，就是让孩子了解父母的生活，了解父母的困难，了解父母的心态，这样，更容易尊重父母，也更容易对未来的生活有一个预期。

第二，通过把孩子当成领导和导师，提高了孩子的自信心，孩子会用他那个幼稚天真的小脑袋，给父母出一些幼稚天真的主意，会增加父母生活的

第五章
行动与语言

乐趣，增加父母的童心。

第三，父母经常向孩子汇报自己的生活和工作情况，向孩子请教，孩子自然也会向父母汇报自己的生活与学习情况，遇到问题时向父母请教。

总之，家长作为孩子的监护人，主要体现在这两个方面：用行动满足孩子的需要，用行动保证孩子的安全；用语言向孩子去请教，让孩子了解成年人的生活，给成年人出主意，提高孩子对未来生活的了解，提高孩子的自信。

换句话说，父母用行动保证了孩子身体的发育、安全及成长，同时用向孩子汇报的语言，保证了孩子心灵的发育、头脑的成长及对未来生活的预期。

总之，家庭教育中常见的问题是，在孩子两岁之前，父母对于孩子的养育是言行合一的，在孩子三岁以后，在会说话并能独立的行走之后，父母往往就会犯一个严重的错误，就是言行不一。

那么，孩子三岁之后，家庭教育中正确的做法是怎样的？怎么用好行动和语言这两个工具呢？

动力沟通理论的建议就是：在三岁之后，父母继续从行动上关注孩子，保证孩子的安全，跟孩子建立一种身体上的亲近感、安全感，在一起相处非常自在；在语言上，要通过语言去展示父母自己的生活，展示父母生活的酸甜苦辣，把自己工作中遇到的困惑向孩子请教，把孩子当导师，增加孩子对成年人生活的了解，增加孩子作为老师、作为家长心理咨询师的一种自信心。这么做，才是家长言行一致的体现。

正如毛主席对年轻人说的："世界是你们的，也是我们的，但是归根结底是你们的。"孩子是未来的主人，每个家长都希望他们青出于蓝而胜于蓝。因此家长现在就要在行动上把孩子照顾好，保护好这个小主人的身体健康，同时在心态上、语言上，把孩子当导师，让他来指导家长，让他来了解家长。当然，家长与孩子要互相尊重，遇到这个小主人霸道地欺负人时，也要坚定地反击。

五、理论依据

本书建议家长这么做，其后的心理基础就是：行为代表着当下，语言代表着过去和未来。

当下，我们是孩子的父母，我们是孩子的抚养者和监护人，因此在行动上我们要坚定地给孩子提供支持，要密切地关注着孩子的状况，根据孩子的健康发展的需要，提供我们力所能及的支持，尤其是物质生活方面的保障。当孩子在现场的行动伤害了其他人的时候，我们就要用行动坚定地、平和地、稳定地制止他。就像上文提到的案例中那个多动的幼儿园的孩子，在他要毁坏咨询室的书的时候，不是用语言劝说，而要用行动坚定地、温和地制止他。

孩子要立足现在，继承过去，面向未来。现在的问题，用行动解决。过去和未来，则需要语言了。继承过去，面向未来，这就需要父母通过语言来诱导了。然而，孩子在想什么，家长不知道；孩子的未来的世界是什么样子的，家长同样也不知道。我们关于孩子的未来的构想，肯定是不准确、不完善的，因为未来是不可预期的。但是，家长最了解的就是自己，了解自己的过去与现在。因此，作为家长，我们就要向孩子真实地呈现自己的过去与现在。

虽然我们不了解孩子的未来，但是，我们自己经历过的，我们现在正在体验的酸甜苦辣，是真实的，并且我们的过去与现在，可能还蕴含着孩子未来的某些成分。所以我们要把我们正在经历的东西真实地告诉孩子，把我们正在面临的困惑真实地向孩子去请教，这就是在丰富孩子的心理世界，让孩子能够继承过去，面向未来。

有的家长可能会担心：我向孩子汇报我们成年人的生活，孩子会不会听不懂？孩子听了我这些困惑是不是会瞧不起我？

对于这两个担心，父母完全可以放下，为什么呢？

首先说第一个担心。孩子可能听不懂你某一句话，孩子可能不了解你生活的某个情节，但是他能够感受到你内心对他的尊重，能感受到你内心的真诚，喜悦和悲伤，轻松和压力……这些情绪基调，孩子一生下来就是能够感受到的，带着对孩子的尊重，真诚分享自己的感受，这种心灵的沟通是孩子最需要的，这是建立密切的亲子关系所必需的。

再来说第二个担心。孩子听了你的困惑是不是会瞧不起你？这个担心更可以放下了。

第五章
行动与语言

因为孩子生活中的烦恼更多。在幼儿园里，老师的一个眼神，可能对他就是一个伤害；哪个小朋友拿了好玩具不给他玩，可能对他是一个伤害；老师先给这个人发苹果，再给那个人发苹果，第三个才发到他，可能对他是一个伤害；在小学里，老师先提问某个同学，可能对他是一种伤害；他还没有准备好，老师就提问他了，可能对他也是一种伤害……孩子们的生活中，有太多太多说不清的烦恼挫折。

家长分享自己的烦恼和挫折，对孩子也是一个安慰。看到爸爸妈妈也有这么多的烦恼和挫折，那么孩子的烦恼和挫折因此也变轻了，这是其一。

其二，孩子的衣食住行、吃喝拉撒，都要靠父母来提供，因此，在他心目中往往把父母当成了神，他们往往是会夸大父母的能力的。如果父母总是展现自己完美的一面，总把自己内心的软弱和伤痛压下来，不向孩子展示，反而会增加孩子的自卑感，让孩子觉得自己真的弱小，真的无能，见到父母之后会不自信或者会更加放纵。

当家长真诚、自然且不带教育意义地向孩子汇报自己生活中的酸甜苦辣，真诚地向孩子去请教的时候，孩子感受到了父母的亲近和尊重，感受到父母也是带着问题和困惑，但是不断努力的平凡的人，孩子便更容易建立自尊，并因此更体谅尊重父母，更容易跟父母建立亲近的关系。同时孩子也会变得更坦诚开放，遇到问题解决不了的时候，也会平静地，不带自卑地跟父母去分享，从而加强亲子之间的相互了解。

如果父母总把自己的心包得紧紧地，总把自己的酸甜苦辣向孩子屏蔽起来，并且总是试图去刺探孩子，总是问孩子在幼儿园或在学校过得怎么样，那么孩子也会把自己的心包得紧紧地，不向家长说实话，甚至什么事情也不告诉家长，双方就越走越远，隔阂也越来越深。

教育，尤其这种关系亲密的家庭教育，就是一个以心换心的互相平等的过程，在行动上作为监护人，家长密切地关注对方，创造良好的物质环境，保证孩子的健康成长，在心灵上家长想了解孩子，就要让孩子了解家长。家长了解的最清楚真切的，就是家长自己。因此，向孩子真诚地展现自己，总是没有错的。

家长都期望孩子成为一个自食其力的为社会做出贡献的成年人，那么家长现在作为一个成年人的生活，就应及早地跟孩子分享，让孩子参与指导，在这个将心换心、真诚交流的过程中加深亲子关系，并让孩子举一反三，了解他的未来。

如果我们不愿意把自己展现给孩子，而关于孩子的未来是什么样子的，孩子要掌握什么样的技能适应他的未来，我们又不十分清楚，那么，这样的家庭教育，其实就是一种盲人骑瞎马的盲目状态！家长带着一种虚假的自信心，带着一种对于未来的错误的猜测，在指导着孩子，反而把最真实的、最有价值的部分——自己的真实经历和体验，在孩子面前隐藏起来。家庭教育不成功，很大程度上就跟这个做法有关。

六、父母的尊严放哪里？

看到这儿，可能有一些家长朋友会说："这不对吧，中国人一直强调孩子要尊重家长，父母要保持一种权威的姿态。"同时，本书的第四章还讲到家长要做权威型的家长，怎么本章又讲家长要把孩子当导师，要向孩子请教，向孩子汇报自己的心声，这是不是矛盾呢？是不是有点儿关系颠倒呢？

能提出这个问题，表明你是一个善于思考的人。让我们来分析一下这个问题。

过去中国人的生活方式都是大家庭之下，三世同堂，四世同堂，甚至五世同堂，几十口子人生活在一起。中年人每天早晚，带着自己的孩子，来到正屋，向家中的长辈问寒问暖，爷爷奶奶或者太爷爷太奶奶，威严地听着自己的孩子的汇报，然后给予指导和安慰。

在成年人这么做的时候，家中的后辈们，可能是孙子们、重孙子们都是在旁边听着的，他们目睹自己作为社会的顶梁柱的爸爸妈妈，是怎么样尊重自己的爷爷奶奶或者太爷爷太奶奶的；同时在爸爸妈妈向爷爷奶奶或者太爷爷太奶奶汇报工作并接受指导的过程中，这些正在成长的从几岁到十几岁的孩子们，也了解了父母的酸甜苦辣；在爷爷奶奶或者太爷爷太奶奶指导自己的爸爸妈妈的过程中，孩子们也验证了，或者在心里边重复了自己对爸爸妈妈的"指导"。

但是，现在的家庭都是小家庭，核心家庭，就只是爸爸妈妈和孩子生活在一起，爸爸妈妈的生活对于孩子来讲是个谜。如果说父母不创造机会向孩子汇报，那么现在的孩子们既失去了过去那种几世同堂的大家庭的了解父母的机会，同时也失去了在小家庭中了解父母的生活的机会。现在孩子们对于成年人的生活完全一无所知，也是造成现在小家庭的孩子比较霸道、比较任性的原因之一。

同时，由于现在的生活比较富裕，父母的空闲时间比较多，并且家庭生活和工作场景往往是分开的，所以孩子完全不知道父母的工作是什么样子的。孩子们目睹的成人生活，就是坐着看电视，闲聊，从墙上一个洞里（银行取款机）取钱，取完钱就去买东西，买完东西，继续看电视，闲聊……

所以，如果父母不主动向孩子汇报，不跟孩子积极主动地展示自己的生活，不用心跟孩子交流自己工作及生活中的酸甜苦辣，孩子对成人生活的了解就是看电视—闲聊—取钱—消费这么一个不停地循环。因此，他们会抱怨，为什么你们这么悠闲，但是逼着我去学习呢？

很多家长读到这里，可能内心也有疑问："我自己也是生在小家庭，在我成长的过程中爸爸妈妈也都在工作，也没跟我交心，我也没跟爷爷奶奶生活在一块，为什么我的成长没出问题，而轮到我的孩子，就改了门风了呢？"

解答这个问题的关键，仍然是本章的主题"言行合一"问题。

在过去那个相对贫困的时代中，我们的父母辛苦地工作，让我们能够吃上饭，穿上衣服，无论衣服新和旧，无论吃好吃坏，这本身就是对我们极大的滋养。他们尽了力了，在这方面，我们父母的心与我们是相通的。

然而，现在温饱问题解决了，进入了小康社会，能让孩子吃上饭穿上衣服，已经是一种相对轻松的事情，心灵的交往反而成了最稀缺、最重要的了。

这时候，作为父母，如果你没有跟孩子进行心灵的交流，仅仅满足于让孩子能够有高消费，那么既不利于建立亲密的亲子关系，也不利于孩子了解真实的成年人的生活，反而让他形成那种"取钱消费，消费取钱"的浑浑噩噩的人生观。

七、重要的事情再说一次

重要的事情，再强调一遍，行动代表着当下，语言代表着过去和未来。

能够稳定地用行动来影响孩子的家长，他们的孩子往往发展得比较顺利。相反，总在试图用语言影响和控制孩子的家长，他们的孩子往往出现的问题比较多。为什么呢？

原因就是：语言代表着过去和未来，往往是脱离当下的。家长总在用语言指导孩子，孩子要么是勉强、费力地去跟上你的语言，要么就是根本不闻不问，漠然处之。勉强、费力地跟上你的指导，他会累；对你不理不睬，你会不高兴，他也会内心很难受，因为父母毕竟是他的一个重要的资源，他对你不理不睬，其实是对他和你的一个共同的伤害。

正是因为家长在行动上不连贯、不稳定，在语言上不切合实际，总是试图隐藏自己，总试图居高临下地指导孩子，语言与行动脱节，才导致了孩子出现一系列心理问题，如行为问题、学习问题、注意问题、人际交往问题等等。

总结本章，重点强调这么四个环节：

第一，在两岁之前，好父母是比较多的，他们都是用行动来照顾孩子，用语言来描述自己的行动和现场，父母是言行合一的。

第二，在孩子三岁之后，好父母变少了，家长们往往不再那么密切地关注孩子，相反开始试图用语言去指导自己的孩子的行动，自己不再言行合一。

第三，希望在孩子三岁以后，家长仍然是一个言行合一的好父母，用行动来为孩子提供一个安全、健康的成长环境，用语言来描述自己的酸甜苦辣，向孩子去请教，这样，孩子在遇到烦恼和挫折的时候，也愿意向家长请教，跟家长分享。

第四，行动代表着当下，语言代表着过去和未来。家长采用稳定的、持续的行动，家长就跟孩子共同生活在当下。活在当下是心理健康的核心标准。语言代表着过去和未来，往往是脱离当下的。如何使用好这种脱离当下的语言呢？就是跟孩子分享家长当下的酸甜苦辣，这样也把孩子带入了家长的当下。家长的当下，就是孩子的过去和未来，并且是真实的过去和未来。

延伸阅读

苦的根源

汉字作为一种象形文字，包含了丰富的信息。所以，有人说读懂了汉字，就读懂了中国人的智慧。本文尝试采用古人的智慧，对汉字"苦"进行拆解和分析。

"苦"字有两种解法：第一种是"草"字头下面一个"古"；第二种是"草"字头下面一个"十"，"十"下面一个"口"。

那么根据拆字的原理，苦是怎么回事儿呢？

1. 牵挂过去

按照第一种解法（"草"字头下面一个"古"），"苦"来源于"牵挂（草）过去（古）"。

的确，牵挂过去的人，是痛苦的。

首先，对过去不满意，牵挂着过去，肯定痛苦，如被过去的痛苦所淹没的祥林嫂。

其次，对过去满意，牵挂着过去，也会痛苦，因为过去已经一去不复返了，你越牵挂过去，越会对现在不满，因此会痛苦。如一些牢骚满腹的退休的高官，一些愤世嫉俗的没落贵族。

2. 执着于概念

按照第二种解法（"草"字头下面一个"十"，"十"下面一个"口"），"苦"来源于执着于概念，即用草绳（草）把概念（口）紧紧地绑在自己身上（十）。

语言是对现实的阉割。现实是无限丰富的，人类的概念只是对丰富的现实世界非常粗略的描绘，心理学中经常用"削足适履"或"阉割"来形容思想概念对现实的侵犯。

但是，在人类个体智慧上升的阶梯上，对于语言，有一个否定之否定的过程。

具有赤子之心、人见人爱的婴儿，在人类社会成长的过程中，逐渐掌握了语言，开始在自己头脑中对世界进行描述、规划，逐渐发展了改造世界、改造环境的能力。在这一过程中，儿童是欣喜的、兴奋的。

掌握了概念，就想用自己的概念体系去规范这个世界。人生活在社会中，生活在人与人之间，每个人构造的概念世界都是不同的，每个人都想用自己的概念体系规范这个世界，因此，冲突就发生了，其根源就是人的内部概念（观念）的冲突。所以，"苦"字告诉我们，执着于概念，人是痛苦的。

说了半天，本文对读者想说的是：执着于自己的想法，活在过去的经验中，忽略了对现实的感受，是痛苦的根源。因此，在独自一人时，我们要时刻觉察自己，觉察自己有什么想法，与现实有什么关系，这样我们就会活得更自在；在人际沟通时，要时刻觉察自己和他人的想法，努力站在对方的角度上看问题，然后再反思自己的观念体系，发现共同点，这样我们就会减少人际冲突，争取共赢。

论语言这个圈套

孩子出生之后，抚养者言行合一，一边照顾婴儿，一边跟婴儿说话，描述婴儿眼前发生的一切。婴儿在得到照顾的同时，舒舒服服地形成了语言与感觉之间的联系，形成了条件反射，并且尝试着用了起来。婴儿一说"爸爸"，爸爸来了；一说"妈妈"，妈妈来了；一说"灯"，灯亮了；一说"门"，门开了。此时的抚养者，在婴儿面前，是言行合一的。

对于婴儿来说，由于自己不行动（也缺乏行动能力，不能行动），只用发

第五章 行动与语言

出声音说话，美好的结果就实现了。所以，语言对于婴儿来说，是具有神性的。

然而，再过几年，三岁以后，婴儿会流利地说话并独立行走了，这一切就都变了。

爸爸妈妈开始用语言控制孩子了，爸爸妈妈开始坐着不动，指挥孩子行动了，试图把自己的人生经验转化成孩子的行动和智慧了；孩子再说话，爸爸妈妈也不积极应答了，所有美好的东西，都要自己来完成、来实现了，并且还要完成爸爸妈妈规定的枯燥的没有意思的东西。

我们的思想，一秒钟可以从南京到北京，从地球到月亮，可以跨越几亿光年，但是行动，从客厅到卫生间的几米距离，都要费点儿工夫！所以，人自从掌握了语言，并且经常思考（思考是头脑内部的语言），人就背上了包袱。

说话很容易，承诺很容易，行动并且实现承诺很难。君子一言，驷马难追。如果你没有发现语言的圈套性，那么表明你太粗心了。

因此，本文想给读者分享的核心观点就是：跟孩子接触时，要适当放下包袱，让思想歇一会儿，别总想着未来，想着前途，想着重点班，想着上大学，想着好工作，要时不时回到小动物般的快乐，什么也不想，就在一起挤挤打打闹闹，就会非常快乐。

第六章

情商是怎么发展起来的

第六章
情商是怎么发展起来的

一、延迟满足

"情商"这个概念现在在中国非常普及,它来源于美国的一位专栏作家,他也算是一个心理学家——丹尼尔·高尔曼的一本书《情商》(Emotional Entelligence)。情商是从"延迟满足"这个实验引申开来的。实验情景是:

把一组四岁的孩子领到实验室里,让他们坐下来之后,在他们每个人面前放一块非常精美的奶糖,告诉他们等上几分钟可以给他们每人三块奶糖,而如果现在吃了就只能吃这一块奶糖。孩子们点头答应之后,实验人员就出去了。

屋子里隐藏着各种各样的录像设备,记录着孩子们的各种行为。孩子们的母亲和实验人员就在隔壁的房间里边通过录像机看着孩子。

结果发现,有的孩子忍耐不了,很快就把这块奶糖吃了;有的孩子会千方百计地坚持抵抗奶糖的诱惑,有的会趴着睡觉,有的会唱歌,有的会自己给自己讲故事等等,熬过了这艰难的等待时间,直到最后实验人员来给了他三块奶糖。

实验到此并没有终结,这是一个追踪研究。几年之后,这些孩子到了上学的年龄,追踪研究发现那些延迟满足能力高的学生,就是当时那些能够等上几分钟吃到三块奶糖的幼儿园孩子,往往学习成绩更好,也更容易适应学校的生活,跟其他同学相处的关系更好;相反地,那些延迟满足能力低的学生则存在种种问题,如社交不适应、学习能力低等等。后来追踪研究甚至还发现成人以后那些延迟满足能力高的人也更成功。

这个实验给了人们很多启发，也为中国家长们所广泛地了解，因此在家庭教育中，很多家长也试图控制孩子，让孩子延迟满足，那么这种做法效果到底怎么样呢？

本书在这里要跟读者分享这样一个观点：在家庭内搞延迟满足的做法，完全是用错了场合。

延迟满足实验有一个前提，一个人们往往会忽视的前提，这就是：在实验中，是家长带着孩子来到了实验室，来到了一个陌生的地方，某种意义上是到别的地方做客。

实验室的一切，都是有另外的主人的，孩子在实验室里是一个小客人，只有通过遵从主人定的各种规矩，才能够受欢迎。主人（实验人员）跟孩子约定，你要么现在吃一块糖，要么几分钟后吃三块糖，这是一个主客关系。

然而，在家庭内部，孩子也是主人，所有的资源对于家人来说都是可以共享的。如果家长对孩子们也采用这种延迟满足的方式，鼓励孩子忍耐，让孩子觉得自己在家里也是一个客人，吃一块奶糖，还是吃三块奶糖，是现在吃，还是三分钟之后吃，都要斤斤计较，那么孩子在这样的家庭中往往是很不安全的，也是很不幸的，很多问题也往往由此而引发。

其实，很多来源于西方的教育方法，应用在中国家庭中，往往都会适得其反。比如，很多家庭教育类图书中常建议，对孩子的好行为进行物质强化，利用代币制度。例如，给孩子规定，做了什么家务事可以给孩子多少分数，可以兑换成零花钱，等等。很多理论认为，这样一种劳动-报酬的强化制度，会培养孩子形成好习惯。

其实，这么做，往往达不到好的效果。为什么呢？因为，家人不是一种雇佣关系，也不是一种主客关系，而是一种平等的主人关系，家庭中每个人都是主人，合理的家庭关系是互敬互爱，共同为家庭的繁荣做贡献。

爱思考的读者可能会说，家里不是培养延迟满足能力的地方，那该怎么培养孩子的自制力，以及与人合作能力，提高孩子的情商呢？

答案就是，要多带孩子到别人家去做客，也多邀请客人到自己家里来，在这种主客关系的互相转化中，孩子就既能够当好主人，也能够当好客人了。

88

当自己是主人的时候,就带着主人的自信和自在,对客人尊重且落落大方;当客人表现不合理的时候,会暂时忍耐并对客人保持礼貌,客人实在无理取闹的时候,也对客人进行坚决的回击。当自己到别人家去做客的时候,也会尽量配合主人的要求,对自己的欲望要进行必要的压制,尽量配合主人,做一个礼貌得体的小客人。

情商都是在这种主客关系的转化过程中慢慢发展出来的。换句话说,情商,是在主人—客人两个身份中,不断游走、不断穿梭,逐渐得到锻炼并不断提高的。

在父母与孩子之间搞延迟满足,有意识地约束孩子的合理欲望,然后来检验自己孩子的延迟满足能力的做法,最后往往会以失败而告终,搞得父母与孩子都身心俱疲,同时也会让孩子丧失在家中的这种主人感,内心觉得不安全,行为变得退缩或者变得霸道,反而会让孩子的情商降低。

高情商的孩子,在实验室里延迟能力高的孩子,面对着奶糖的诱惑,通过唱歌、自言自语、假装睡觉来忍耐的孩子,他们往往有着权威型的家长,这些家长在家里给孩子创造了一种安全自在的环境!

这些孩子在通过各种手段抵抗糖果诱惑时,他能够想象出父母关爱鼓励的眼神。他知道自己在家里也是主人,自己合理的愿望都会被父母满足,充满了安全感,充满了跟父母之间的亲近感,因此,他当客人的时候,才更能够克服自己的欲望,服从主人的要求。相反,如果孩子心目中没有这样一个主人翁的形象,那么当他当客人时,也很难彬彬有礼地配合主人的要求。这才是延迟满足实验背后的心理逻辑。

二、没有灵丹妙药

类似于延迟满足这样的实验,以及引申出来的很多做法,都是有它成立的前提条件和心理基础的。但是,很多普及类的书籍不加分析,照单全收,往往让读者无所适从。作为家长,我们该怎么办?

对此,动力沟通理论的回答是:所有的说法,都有成立的前提条件。对所有的说法，都要进行拆解，找到可能在背后起作用的机制。

再举一个家庭教育中常见的错误的说法。很多家庭教育的专家建议，在教育孩子的时候，夫妻要事先统一观点，以一致的观点来面对孩子，否则你说东，他说西，孩子就会无所适从。

不知道读者是否认可这样的观点？

本书认为，这样的说法完全是纸上谈兵，是根本没法落实的，甚至是根本错误的。

家庭中的生活场景是多变的，根本来不及事前商量，事先商量的东西根本用不上。孩子做了一件事之后，父母马上就要处理，也来不及关上门去商量；关上门商量后，早已经事过境迁了，商量出来的结果也都没用。

动力沟通理论，对这个问题的建议是：作为家庭中承担着监护孩子使命的家长，无论你是母亲、父亲，还是爷爷、奶奶，最明智的做法是相信其他监护人，发现其他监护人的做法的合理性。在孩子面前维护其他监护人的权威，无论其他监护人做了什么，你都要予以接纳、承认与尊重，并且发现背后的合理性，然后指给孩子看。

家长的这种做法，背后的机制就是：对其他监护人的尊重和接纳！这种尊重和接纳自然会被孩子感觉到，也会被其他人感觉到，那么这个家庭就充满了浓浓的爱意，也就更容易和睦。如果你瞧不上其他人的做法，总在坚持你的做法是对的，总在要求别人按照你的说法去做，这就是矛盾冲突的开始。监护人互相争斗起来了，孩子反而成为坐山观虎斗、隔岸观火的人，最后既破坏了家庭关系，也给孩子树立了一个不好的榜样。

当你尊重他人，承认他人的合理性时，孩子可能还会问你："为什么爸爸妈妈的要求不一样呢？为什么姥姥姥爷这样对我，爷爷奶奶这样对我，你们这样对我呀？到底哪个对呀？"

当孩子歪着他的可爱的小脑袋，或狡黠或天真地这么问你时，你该怎么回答呢？

这时候一个明智的家长，内心会这么想，也会这么告诉孩子："爸爸有爸爸爱你的方式，妈妈有妈妈爱你的方式，爷爷、奶奶、姥姥、姥爷，舅舅、阿姨、姑姑、叔叔，他们都有不同的爱你的方式，他们每个人都在根据他们的能力，根据他们的特点在爱你，你要在感谢他们的基础之上选择一个你觉得最好的行为方式去做。大家都是喜欢你的，也希望你找到你的方式，爱你的姑姑，舅舅，叔叔，爷爷奶奶，姥姥姥爷，你的爸爸妈妈。这样，我们才能共同构成和和睦睦的一家人。"

看到这儿，好多读者可能并不满意，也可能会举出反例说："你这是说的事，理论上可行，现实生活中肯定不可行。因为我的孩子很胖，就不应该喝含糖饮料，不应该吃冰激凌，但是到了姥姥家，姥姥或者舅舅给他喝饮料，让他吃好多这种垃圾食品，我这时候不说他怎么行呢？但是说了孩子的姥姥或者舅舅又不高兴，孩子也不高兴。让我发现他们这么做的合理性，我办不到呀。"

遇到类似的问题，可以从以下的角度来思考：

第一，这些饮料和食品有诱惑力。

第二，孩子发现了，你对姥姥或者舅舅的做法不满意，他就是要故意地试探你在这种情况下会怎么处理。正是因为他知道你会恼火，但又无法发火，所以他才故意这么做。

但是，如果你心平气和地接受了这一点，同时告诉孩子应该感谢自己的姥姥或者舅舅为自己买来了饮料和食品，让自己尽情地享受一次。还要告诉孩子，今天喝了这么多饮料，吃进去了这么多热量，待会儿再多走多少步，并让孩子帮着计算。然后，吃完饭马上就带着孩子去走路，因为你已经说过了原因，孩子也接受了，你也让孩子真诚地感谢了姥姥或者舅舅，这样你就接受了他们的做法，他们也被尊重了。孩子感到自己被尊重了，会为自己的行为承担责任，同时也会感谢所有人的付出。

所以，只有在你尊重所有人的基础之上，才能找到类似的两全其美的办法，否则，就是亲人之间彼此的抱怨和冲突，以及孩子的隔岸观火！

总之，关键在于你平静的心态，你是否接受这样的行为？作为家人，没有任何一个人愿意伤害自己的亲人，所以你要在这种判断基础上，感谢其他所有的人，接受其他所有人对孩子的关爱，而不是心存恼火，觉得这些人不懂教育，故意在挑事儿。

因此，家庭教育，不是一个提前协商的问题，不是一个提前背好台词的问题，而是一个家长发自内心尊重家庭内的所有人，接纳跟孩子有关的所有亲人的心态问题！这种接纳的心态，才是教育好孩子的根本。

三、代币制的危害

在一个实验中，几只猴子被关在一个灯光昏暗的箱子中，它们在其中要解决一系列的任务，才能打开一扇窗口，从中看外面的世界。在实验中，猴子很快就学会了解开由金属插销、环和搭扣组成的机械难题，从而可以为自己的箱子打开一扇窗户，看看外边有什么。在实验中，猴子没有因为它们的探索或操作行为得到任何的外部强化。猴子的这种难题解决行为似乎只是为了纯粹的本身的乐趣。

人类的很多行为，如玩电子游戏、下象棋、猜字谜、玩俄罗斯方块等，似乎与猴子的这些活动类似。探索外界，掌握本领，学习知识，对人类来说似乎是很强烈的动机。但是，在学校中，我们却经常看到不爱学习、一提学习就头疼的孩子。为什么会这样？

一个重要的原因，就是父母管得太多了！

现在，很多家长采用西方建议的代币制，用货币或小红星鼓励孩子做家长希望他们做的事情，并且严格执行。这些来源于西方的做法，其实都是一种形式主义的做法，往往会降低孩子对于劳动的内在的兴趣，斤斤计较于做某个活儿拿多少钱，反而有可能会降低劳动的质量，也降低劳动的兴趣。

我们再来看一个"藏课本的故事"。

有一个小女孩，她遇到了一个非常大的麻烦。她所在的班上有三个小男孩总会把她的课本藏起来，并且从这样的恶作剧中得到了很大的乐趣。她试着跟他们讲理，但是没有用。有一天她想到了一个主意。

她告诉这些男孩子他们藏她的书，让她很高兴，因为这样她有了回家不学习的借口。"但是，"她抱怨说，"我照样得做作业。如果你们把我的作业本一起藏起来,我会每天给你们1毛钱。"

这些男孩认为这桩"交易"很不错。每天他们都把她的书和作业本高兴地藏起来,她给他们1毛钱。这种情况维持了两天。第三天这个小女孩解释说,因为她的零花钱不多了,她只能给他们5分钱。到了下个星期,她告诉他们只能一天给2分钱。

这些男孩非常厌恶地看着她说:"没门!你当我们是要饭的?挣你2分钱?傻瓜才干这样的事儿!"他们不再藏这个女孩的课本和作业本了,她的问题解决了。

劳动本来是发自孩子内心的一种愿望,我们都知道,孩子们玩"过家家"时,抱"孩子"、扫地、做饭,这些对他们来说是一种发自内心的乐趣,他们愿意为家庭做贡献。然而家长采用这种代币制的做法之后,孩子的内在兴趣丧失了,到最后会斤斤计较于奖励。

在家庭内实行严格的代币制奖励,其实就是不尊重亲密关系中的自觉奉献精神,不尊重人的这种自觉性,实施者总是高高在上地扮演上帝,扮演裁判。

四、父母的延迟满足能力

在养育一个0~2岁婴儿的时候,家长是不会拔苗助长的,孩子该喂奶时喂奶,该睡觉时睡觉……家长都是兢兢业业的,一点一点地做,让孩子健康地成长。很少有愚蠢的家长去给孩子打激素,让孩子快速地成长,反而担心孩子吃到激素,担心孩子不按照自然的节律成长!

家庭教育的很多问题,往往就出在孩子三岁左右。三岁左右,也就是在孩子掌握了语言之后,父母往往就开始拔苗助长了。父母自己往往就不能够延迟满足了。

在孩子会说话之后,父母总想把自己头脑中的经验,如什么是好,什么是坏,什么有价值,什么是浪费时间,把这些类似的判断,希望快速地通过语言注入到孩子那个幼稚的头脑中,促进孩子快速地成长。

总想快速地看见一个懂事的、充满智慧的、一个能够成为栋梁之材的,给自己争光添彩的,给家族增加荣耀的孩子,这就是父母缺乏延迟满足能力的标志,也往往是拔苗助长的标志。

跟现实中儿童一步一步地成长比起来,家长想法的运作是非常快的,看到一个两三岁的孩子,往往都能想到他长大之后是什么样子,甚至还想到孩子结婚了之后是什么样子,自己当了爷爷奶奶是什么样子,甚至还想到这个孩子将来给家族带来了什么样的荣耀,等等。

因此面对孩子每一天的平淡成长,家长往往不仅不愿意等待,而且还想加速,所以总想给孩子提供各种各样的指导、规劝和辅助,总担心孩子输在起跑线上,总担心孩子小学学习不好,上不了一个好中学,中学学习不好,上不了一个好大学,到最后成了一个普通人,而不能够光宗耀祖。对孩子的未来充满了各种各样的担心,这就是典型的父母自己缺乏延迟满足的能力。

在这个问题上,父母自己就是那个总想马上吃到奶糖的孩子,而忘记了进行耐心的等待。只要你耐心地陪伴着孩子,观察着孩子,安心地过好当下,你和你的孩子,你和你的家庭自然而然就有一个美好的未来。

动力沟通的家教理论很简单,就是这么三件事。在这里再强调一遍。

第一就是爱自己、爱自己的配偶,建立一个和谐稳定的夫妻关系。

第二就是无条件地爱孩子,接纳孩子,关注孩子,陪伴着孩子,保证孩子的安全。

第三就是爱社会,爱孩子周围的人,因此限制孩子的一些不合理的行动和欲望,避免对周围的人和事造成伤害。

只要你做到了这三点,孩子自然而然就会健康地成长。由于你爱自己,爱你的配偶,你们自己就充满了自信,欣欣向荣,也给孩子树立了一个良好的榜样。由于你无条件地爱孩子,给孩子提供了支撑,所以孩子在外边无论遇到了什么事,他也都能够回到家庭这个港湾里得到滋补,能够充满能量,第二天再去充满希望和能量地启航,再到大海上去经历风雨。由于你关注孩子周围的其他的人,避免孩子对其他人造成伤害,孩子慢慢也能够意识到周围的其他人的存在,能够跟其他人建立良好的关系,那么他自然而然就适应了外部世界,健康成长。

因此，父母一定要压抑住自己那颗奔跑的心，对那种快速见到孩子成长、成功的欲望要延迟满足。可以说孩子的情商，孩子的延迟满足能力，其实来源于父母自己的延迟满足能力，来源于父母能否尽量限制住自己关于孩子成长的各种急迫心情，稳稳地陪伴着自己，陪伴着孩子充实、自在地度过每一天，让孩子活得安心、活得自在，在家里得到充分的滋养；同时关注着孩子周围的环境，在孩子有可能伤害他人的时候，对孩子进行限制和提醒，或者进行必要的惩罚和批评，让孩子吸取教训。

当家长做好了自己，打造了自我金刚结构，家长自然而然就能够跟爱人建立良好的关系，自然能够跟自己的长辈（孩子的爷爷奶奶、姥姥姥爷）建立良好的关系，自然能够跟其他的亲人建立良好的关系，也自然能够适应自己的工作，做好自己的工作。在家长获取了良好的社会资源的前提下，自然而然就给孩子树立了一个好榜样，在见到孩子的时候，自己也就会心平气和地、无条件地爱孩子。

延迟满足，尤其是家长的延迟满足，在教育孩子成长上的延迟满足，为什么那么难？

原因就是，人们的思想速度太快了！我们的思想，一秒钟可以从南京到北京，从地球到月亮，可以跨越几亿光年，但是行动，从客厅到卫生间的几米距离，都要费点儿工夫。所以说跟快速的思想比起来，我们的身体永远是非常笨拙的，现实的每一步都是非常艰难、非常缓慢的！

所谓的延迟满足，就是约束思想这个比光还快的空灵家伙，去适应厚重笨拙的肉体！如果家长自己不能够约束思想这匹快马，任由自己的思想折腾自己的身体和感觉，那么等待着你的，将是无限的挫折，无限的痛苦，无限的冲突！周围的一切，似乎都是在跟自己作对！明智的父母，会耐住性子，关注着孩子，只要没有生命危险，只要不伤害他人，就让孩子自己去体验！

五、让孩子自己去体验

一位心理学家的儿子正在读小学。学校组织孩子们在周末去郊游。出发前，心理学家问他儿子都做些什么准备。

儿子将自己的计划告诉了父亲，心理学家发现计划中有些缺陷，但是不会产生太大的危害：这个男孩郊游时忘了带自己的食物。

心理学家知道，儿子跟那么多同学一起出去，是不会饿着的。于是，这位父亲什么也没说，就微笑着看孩子离开了家。

在郊游回来后，心理学家问儿子："从这次郊游你体会到了什么？"

这个小男孩回答道："我知道了我是多么恨博洛尼亚香肠。"

心理学家不解地问："你这是什么意思呀？"

儿子说："同学都自己吃好吃的，只愿意把这种破香肠分给我吃。"

心理学家说："嗯，有了这次经验，下次出游你打算怎么办呢？"

儿子答道："我要带一桶鸡肉自己吃，带一些博洛尼亚香肠给那些忘了带食物的笨蛋。"

这位聪明的父亲虽然发现自己的儿子忘了带食物，但是故意不提醒儿子，让儿子自己去体验、确认、分析和总结，结果儿子成熟了！

儿子的体验：自己没有东西吃，同学只会把他们不愿吃的、不好吃的食物分给自己。

儿子的确认：记得带食物是件大事，不能忘了。

儿子的分析：为什么没鸡肉吃？因为我没带！要想吃好吃的，怎么办？别马虎，多留心！

儿子的总结：下次郊游，我要带一桶鸡肉自己吃，带一些博洛尼亚香肠给那些忘了带食物的笨蛋。

于是，一个"自己动手、丰衣足食"的孩子，呼之欲出了。

如果这位父亲延迟满足能力比较低，怕孩子饿着，悄悄地给儿子的包里装上了鸡肉、牛肉，那么儿子会经过怎么样一个体验、确认、分析和总结的过程呢？

体验：（我没有怎么准备）我吃得很好。

确认：是的，我没有准备什么，但是吃得很好。

分析：为什么会这样呢？因为父母会为我准备好，替我放到包里。

总结：这种小事不用我管，父母会帮助我。

于是，一个不爱操心的懒孩子就呼之欲出了。

六、从几个小故事看情商

1. 恶魔拔河

你正在跟一个恶魔拔河。它又大又丑陋，还很有力量。在你和恶魔的中间是一个坑，你知道，这个坑是无底深坑。要是你输了这场拔河游戏，你就会掉进坑里永远消失。所以你使劲地拉，但你越使劲恶魔也会越使劲，然后你被拉得离着坑越来越近。

在这个情景中，最难看到的事实就是：若想不坠入无底深坑，不需要赢过恶魔，只需要放下绳子。

2. 手钳的故事

想象有一把手钳，有两个手柄连着两个钳口。一个钳口叫"焦虑"，一个钳口叫"希望放松"。

想想焦虑的力量在变化，可以从 0 到 10。你现在很焦虑，于是你来做咨询，想让焦虑程度降低。

你希望放松的愿望，它是另外一个钳口。它的力量在从 0 到 10 变动。

你越焦虑，你就越想放松。于是，两个钳口同时用力，你就被钳死了！

如果不再这么做，不在两个把手上同时用力，不再想放松，像外人一样观察自己的焦虑。于是，一个钳口没有力量了，你轻松了。

"意愿"这个扳手是你可以随意控制的，它是你的选择。如果你不强迫自己放松，钳子的这个把上没有力量，钳口自然也没有力量了。你就解脱了。

3. 棋盘

想象有一个棋盘，它被黑色和白色棋子覆盖，下棋就是白棋子和黑棋子斗争。

你可以把你的想法、感觉和信念当成这些棋子，它们也居住在一个团队里。例如，坏的感觉和坏的想法、坏的记忆（像焦虑、抑郁、怨恨、无聊等等）居住在一起；好的感觉和好的想法、好的记忆（自信、快乐、放松、自在等等）居住在一起。

人生的游戏，好像就是代表好的棋——白棋子（如自信、快乐等等）去战胜坏的棋——黑棋子（如焦虑、抑郁等等）。不管什么样，这是一个战争游戏。但是，你是自己跟自己下棋！积极的一方，好不容易赢了一盘，战争还会继续！于是，你感觉绝望，因为你不能一劳永逸，而且坏棋手的水平也越来越高！你不能停止战争，你不断面临威胁。

其实，你并不是棋手，而是那个棋盘，好棋、坏棋，都是你自己，你永远不要想把一方消灭掉，而是要旁观好棋、坏棋的游戏，做自己该做的事。

4. 公共汽车

假设这有一辆公共汽车，而你是司机。在汽车上有很多乘客。其中的一些人身上有着很多纹身，拿着弹簧刀。

当你在开车前进时，这些恐怖乘客开始威胁你，告诉你必须做什么，你必须往哪儿去，"向左转""向右转"等等。你害怕他们，不想见到他们，于是你和这些坏乘客做交易——"你们坐在汽车的后面，坐低点儿，让我看不到你们，我就按照你们说的做。"

于是，他们到了后面去指挥你，当你不想按照他们说的做时，他们就露一露头，于是，你马上就按照他们说的做了。最后，他们甚至从没有威胁过要杀你，他们只需要现身，你就按照他们的想法做了。

这些乘客，手里拿着刀，身上有纹身，看起来很危险。你做的交易是"听这些恶棍的话，以便不看见他们"。

于是，这些恐怖乘客什么都没有做，只需露露头，看你一眼，就获得了你的汽车的控制权。

其实，只要你不害怕他们，直视他们，他们说不定是纸老虎，什么也不敢做。就是做了，跟他们的搏斗，也会让你这个司机，成为英雄，而不是一个害怕看到对方的懦夫。

这些乘客就是你的消极情绪！你为了避免消极情绪，结果听从了它们的指挥！动力沟通理论建议我们，直面自己的消极情绪，接纳这些消极情绪，直面和接纳之后，不受它们影响，继续该做什么就做什么！

延伸阅读

从《论语》看婆媳相处之道

婆媳关系是男人的母亲与男人的妻子的一种关系，虽然这个男人起到了桥梁作用，但他并不是决定因素。因为在一些家庭中，虽然丈夫去世了，但是婆媳关系仍然存在并且可能维持得很好。从本质上看，婆媳关系是一种人与人之间的关系，是有时不得不在一起生活的两个没有血缘关系的女人之间的关系。

在古代中国，封建皇帝及贵族的世袭模式，以及农业生产的稳定性及土地等不动产在经济生活中的决定作用，在经济上和文化上保证了祖先、长辈具有崇高的尊严；同时由于男尊女卑的社会文化地位，所以女子自从进了婆家之后很少再有选择的余地。

这两个因素合在一起，决定了年轻女子即媳妇，进入婆家之后只能服服帖帖地听从长辈主要是婆婆的指示（因为公公不会去管一些琐碎家务）。这种关系的不平等性质，使得媳妇只能在顺从与忍耐中生活，以期"三十年媳妇熬成婆"。

在现代社会中，经济生活与生产活动的多样性，使得年轻人往往具有更高的经济地位；同时，当代社会所有人之间的平等意识，包括男人与女人、长辈与晚辈之间的平等意识，再加上婚姻的自由，使得原来的那种主导与服从的婆媳关系彻底失去了存在的根据，从而使婆媳关系变为平等的但有时不得不生活在一起的两个女人之间的关系。所以，从本质上看，这种关系与同宿舍的室友、同一球队的队员之间的关系没有什么不同。

聚焦家庭教育

在这种背景下,婆媳关系其实更应该看成是一种朋友关系。那么如何处理好这种关系呢?在《论语》中,孔子给出了很好的描述。

(1) 有朋自远方来,不亦乐乎?人不知而不愠,不亦君子乎?(《学而第一》)

对于现代核心家庭的媳妇来说,婆婆来跟自己住在一起,虽然会增加一些麻烦,但总体上看还是一件令人高兴的事,因为媳妇可以从婆婆那里学到很多人生经验,了解丈夫的一些习惯、秉性和童年趣事,也可以帮自己照料一些家务,不亦乐乎?

对于婆婆来说,自己有处事的经验、有生活的智慧,但是媳妇可能认识不到这一点,可能不重视自己的意见,婆婆应该把这看作是正常的事,而不为此生气、愠怒,"不亦君子乎?"对于媳妇也同样如此,自己有优点、有长处,但是婆婆可能看不到。

相反,对于丈夫、小姑子、小叔子,由于是自己的孩子,婆婆更容易看到他们的表现,对他们更好。认识到这一现象,作为媳妇自己不生气,"不亦君子乎?"俗话说"日久见人心",总有相互理解、相互接受的那一天。

(2) 忠告而善道之,不可则止,毋自辱焉。(《颜渊第十二》)

婆婆、媳妇等在一起生活的人,最怕彼此不提意见,有气闷在心里,但同时又怕提意见掌握不好分寸,伤了颜面。如何把握这个分寸呢?孔子给了很好的提示,这就是一要忠诚,诚心为对方好;二要善于表达,适可而止,不要自取其辱。

(3) 益者三友,损者三友。友直,友谅,友多闻,益矣。友便辟,友善柔,友便佞,损矣。(《季氏第十六》)

婆媳之间如果只是忍气吞声(便辟)、谄媚巴结(善柔)、没有主见、人云亦云(便佞),这只会损伤婆媳关系;相反,如果婆媳之间能够直言相告,互相谅解,同时又能看到对方的长处,双方都能从彼此的接触中得到好处。

在婆媳关系中，如果双方能够真正做到这三点，那么其婆媳关系肯定是很圆满的，但是要做到这三点需要很高的修养水平，它要求婆媳双方成为"文质彬彬"的"谦谦君子"，而这种修养又是很难达到的，这也正是很多婆媳关系并不圆满的原因。但是，只要婆媳双方意识到了这几点，并且部分地做到了一些，那么这种婆媳关系就是过得去的关系了。

第七章

父母的四个"家"

第七章
父母的四个"家"

一、外交家

1. 人人都是"皇帝"

俗话说，家有千口，主事一人。古语说，国无二主，天无二日。这些话深深地刻在我们的意识里。但是，为什么本章一上来就说人人都是"皇帝"呢？

原因就是进入了小康时代，闲暇时间增多了，在闲暇的时刻，每个人都想实现自己的自主意识，因此人人都是"皇帝"。

在吃不饱饭的时候，人人都在为生存而挣扎，并且为了生存，必须要和别人合作，在合作中，每个人都要牺牲自己的部分自由，牺牲自己思想的主权，服从团队的负责人，让负责人的思想成为团队的主导思想，统一行动听指挥，来保证团队每个人的生存。

在温饱问题基本解决之后，在有了闲暇的时间之后，我们每个人都是自己的主人，我们都想自由地安排自己的时间。

但是，闲暇中，我们做了自己的"皇帝"还不满足，往往还愿意去主宰别人，让别人，尤其是让亲人、家人服从我们的意志！这就是所谓的无事生非！由于闲暇，由于无事，我们都成了"皇帝"，都要主宰自己并且主宰他人，这时候冲突往往就不可避免了。

2008年之后，我国普遍进入了小康社会，虽然还有很大的扶贫任务，但是贫困人口已经相对较少了，可以说，对大部分中国人来说，已经进入了人人是"皇帝"的时代，这个是毋庸置疑的。人人都是自主的、平等的，把握自己命运的人。

在 2012 年 12 月 24 日诞生的动力沟通理论，认为只要温饱问题解决了，在闲暇时间内，每个人都是"皇帝"，都是平等的"皇帝"，谁也不能主宰谁。我们只能平等地和平共处，共同构建主体间性。所谓"主体间性"，就是两个或多个"皇帝"（主人），彼此尊重，共同创造的一个自由翱翔的精神空间！

在这个人人是"皇帝"的时代，更需要使者（外交家素质的人），需要使者带着出局观察的眼光，观察每个"皇帝"的需要，从而进行协调，进行陪伴关照，同时也对每个人的思想世界的固有观念的框架和壁垒进行冲击，进行语言拆解。

因此，在这个人人都是"皇帝"，都想行使自己的意志的小康时代，为了孩子健康的成长，明智的父母，就必须要成为一个外交家，要周旋于各个"皇帝"之间！爱人，孩子，孩子的爷爷奶奶，姥姥姥爷，自己与爱人双方的兄弟姐妹，邻居，孩子学校的老师，孩子的同学，孩子同学的家长等，这些都需要作为外交家的父母去交往。

这些跟孩子的命运息息相关的人，我们对他们没有任何控制权，但是我们孩子的成长又依赖于他们，因此我们必须要具有外交家的素质，否则只会到处碰壁，并让孩子受到伤害。

2. 外交家的素质

外交家的第一品质是沉默。

因为，沉默就是让每个人在自己的思想世界里运行，不要用自己的思想世界去冲击别人的世界，经常这样，"皇帝"之间才能够相安无事。

但是，有的人虽然语言沉默了，却会流露出狰狞的表情，身体的僵硬，脸色的阴沉，横眉冷对，张牙舞爪等，这种带有侵犯性的肢体语言，或者带有退缩性的肢体语言，它散发的不友好的气息甚至比大声咆哮更震撼心灵，这不是真正的沉默。

真正的沉默，是安静的、祥和的，类似于厚德载物的大地般的承载，高远明亮的天空般的包容，这种沉默才能够让人真的舒服。在这种沉默中，我

第七章
父母的四个"家"

们默默地感受着自己，默默地感受着对方，我们像互相不争夺阳光，也不争夺水分的大树一样，共同来净化着周围的世界。在这种沉默中，我们都像水一样，彼此滋润，彼此融合，共同构成一个充满活力的海洋。

外交家的第二个品质是什么呢？就是无我。

外交家是代表着一个皇帝跟另外一个皇帝来对话的，所以外交家自己的欲望与想法，在从事外交活动的过程中，是必须要被淡化的乃至消失为零的。

历史上优秀外交家的最典型代表，就是战国时期的赵国上卿蔺相如，他代表赵国出使秦国。因为秦王提出了要用十五个城池交换和氏璧，赵国虽然知道可能会上当受骗，但是这个交易这么好，不容许不去，否则是对对方的不尊重。这是个有可能会掉脑袋的使命，如果和氏璧给了秦王，秦王要赖的话，蔺相如完不成使命，受尽屈辱；如果不把和氏璧给秦王，得罪了秦王，蔺相如也要死。

但是蔺相如仍然要去，并且在发现对方耍赖之后，自己派一个人悄悄把和氏璧带走，自己就准备死在秦国的朝堂上。不过秦王发现和氏璧已经送走了，不想得到任何好处而得罪一个国家，就把蔺相如放了。正是蔺相如这种无我的大公无私的精神，让他成功地完成了这次凶险的外交使命。

外交家的第三个品质是什么呢？就是目标明确。

外交家代表着自己的国家，代表着自己所在的机构，代表着自己的集体来谋取利益最大化。

外交家的第四个品质就是勤劳。在感受了他人，放空了自己，明确自己的使命，知道自己代表的人群之后，接着就是要付出艰辛的努力，充分地收集资料，私下进行周密的部署和研究，跟各种各样的人沟通斡旋。

外交家的第五个品质，就是善于拆解语言。

看过《三国演义》的人都知道，诸葛亮代表着刘备出使吴国，当着孙权的面舌战群儒。孙权本人有自己的想法和利益，孙权手下的大臣也有各自的想法和利益，诸葛亮代表着刘备的利益和想法而来，他要找出最适合两国利益的那种思想，进行表达，并把代表其他利益的思想打败。这就是拆解语言。

3. 家庭内的外交家

国家层面的外交活动，迁移到家庭的日常生活中，是个什么样子呢？我们就从最常见的四口之家说起。在这个例子中，假设你是一位妈妈。

在这个常见的四口之家中，婆婆是"皇帝"，自己的丈夫是"皇帝"，作为妈妈，作为妻子，作为一个女人的自己，也是一个"皇帝"，同时，你在培养的孩子也是一个"皇帝"。妈妈就在这四个"皇帝"之间游走。

因此在出现问题的时候，无论是母子之间，夫妻之间，婆媳之间，还是丈夫与他的妈妈之间，丈夫与孩子之间，孩子与他的奶奶之间出现冲突的时候，你首先是要沉默，默默地感受家庭中的所有人，发现每个人的合理性，尊重每个人的合理性。

第二就是要无我。作为一名家庭主妇，如果你有自己个人的目的，如想在家里的冲突中彰显自己，想让自己有地位，想让自己显得聪明，想让自己说点儿空话而不用干活，抱着这样自私的目的，那肯定是不利于孩子的健康成长的。

第三是目标明确，要为家庭好，要为孩子好，这个"好"还不只是你自己的想法，而是你在默默感受了他人之后，在无我了之后，综合了大家愿望与特点之上的那种"好"，这才是真的好。

第四是要勤劳。默默地洗衣服、做饭、拖地……在不打扰大家的情况下，去优化这个环境。由于你默默地感受着这个家的所有人，尊重所有的人，由于你不想彰显自己，同时你是勤劳的，那么在家庭中你自然而然就会得到大家的尊重，大家就会对你有信任感。这时候，你的语言就可以登场了，可以拆解语言了。那要怎么拆解语言呢？

诸葛亮舌战群儒的时候，他是充分尊重孙权的，对孙权是察言观色的，但是对孙权下面的大臣们，他是不客气的。他与那些大臣针锋相对，但是他的语言并没有攻击孙权大臣的人格，只是指出他们逻辑上的荒谬，从而让孙权得到最大程度的尊重，并让孙权瞧不起那些代表着小部分人利益的那些大臣。

在家庭中拆解语言的时候，要尊重对话者的感受，在尊重的基础上拆解语言，最好是点到而止，让对方自己去领悟。

比如，婆婆说房间脏，被子不叠，卫生间的东西乱放等，你怎么反驳她呢？

你可以说："妈，你说得太对了，我的确没弄好。但是上次，你的孙子在那里做作业，桌子上东西乱放，我这么指出来之后，他反而生气地走了。你说对于这种情况我该怎么说他呢？"

这时候婆婆可能就会特别高兴地告诉你，应该先夸孩子，应该自己做出榜样，应该培养孩子的习惯，你看她就是这么做的……说着说着，婆婆就可能忽然意识到，她刚才那么说你也是有问题的。

类似的例子有很多，只要我们把握住外交家的这五个品质，家庭就会和谐温馨、其乐融融、充满活力。

我们最后总结一下，外交官的五个品质：

沉默（感受彼此）；无我（不彰显自己）；目标明确（代表"皇帝"和"皇帝"身后的人的利益）；勤劳；善于语言拆解。

二、军事家

1. 人间处处是战争

一提起战争，现代人往往想起伊拉克、叙利亚、利比亚、乌克兰等等；想起恐怖主义和反恐战争；想起美国的航母、无人机、巡航导弹；或者想起解放战争、抗日战争、鸦片战争、楚汉争霸、黄帝炎帝之战等等。这些是战争的常规形式，也是极端形式。

其实，人，一睁眼，一扬眉，一撇嘴，一说话，就是战争！明智的家长，必然是军事家。面对在同一屋檐下有交集的人，人际的接触，就是思想的战争。

本书在这里想跟读者讨论的是日常生活中最常见的口舌之争和思想之争。君子动口不动手，甚至口都不动，只是撇撇嘴，耸耸肩，一场战争可能就打完了。这种战争的特点是思想性和语言性，或者说这是通过思想翻译官打的战争！我们首先看一个例子。

一个朋友的孩子在四岁时，每到吃饭的时候，都爱说脏话，说这饭是"屎""鼻涕"等。父母为此也很恼火，骂也不是，打也不是。但是孩子却越说越高兴。

有一天王文忠博士到他们家吃午饭，孩子又在说"吃屎""吃鼻涕"，父母皱起了眉头。这时王博士跟孩子聊上了。王博士说："好，咱们一块吃点儿屎，这个像鼻涕，这个像屎，咱们一块来吃点儿。"博士说的津津有味，孩子一看博士说得津津有味，他反而还不说了，这个毛病从此解决了。

几年之后，孩子上了小学，王博士又到他们家，中午到餐馆吃饭的时候，王博士说"咱们再吃点儿屎"，孩子看着王博士笑了。

四岁的孩子正在体验语言的乐趣，如果这语言能够调动父母的情绪，孩子是非常高兴的。这个时候孩子和父母其实就在进行一场语言的战争，看谁能够调动谁，看谁能够不为敌所动。

吃饭时王博士和四岁的孩子比着说脏话，跟他在那里争着"吃屎喝尿吃鼻涕"，看似在闹着玩儿，其实在进行战争，看谁的思想更强大，看谁会被别人的语言所调动。结果，孩子毕竟是孩子，他们的心灵没有成年人那么久经沙场，最后孩子在跟王博士的这场战争中败下阵来，从此再也不说这番话了。

正是由于孩子的父母没有从战争的角度看待这件事情，结果只是独自窝火；而王博士对孩子采用了战争的观点，不仅不为所动，而且以其人之道，还治其人之身，结果不错。

除了孩子说脏话这种极端的战争之外，家庭里面还有更常见的一种战争形式。例如，妈妈看着表对孩子说："快到七点了。"这可能意味着孩子要去做作业了，不能看电视了，这其实就是一场关于是看电视还是做作业的战争。再如，老公看着地板说："看这地板脏了。"这就是一场关于是否拖地板的战争。

如果一个人总是被别人的语言所调动，那么别人一说出带着暗示性的语言，自己马上就动起来了。看似避免了直接的冲突，但是内心还是会充满委屈，到最后影响自己的健康，甚至也会在积压的时间久了之后，有一场总的爆发，导致离家出走甚至动刀杀人。

人与人之间除了这种语言的战争，还有一种非语言的战争，我们都知道有一个成语叫"睚眦必报"。你走在街上，忽然间有个人朝你瞪了一眼，你也朝他瞪了一眼，他接着咳嗽两声，你也咳嗽两声，甚至挥挥拳头，这其实就是一场非语言的战争，这种战争也是非常常见的。

人际之间战争的形式很多，本章计划针对语言的战争和非语言的心理战争，探讨一些处理办法或原则。动力沟通理论强调，明智的父母必须是军事家。军事家怎样处理这样的战争呢？怎么能够不战而屈人之兵呢？怎么能在这个过程中让自己心情舒畅呢？这就是下面要解决的问题。

2. 家庭战争的制胜原则

第一个原则就是语言的战争，心理的战争，一定要调动敌人，不要被别人所调动。

仍然用那个吃饭时老是说吃屎喝尿吃鼻涕的孩子做例子，这个孩子其实就是想调动父母的情绪，父母的情绪如果被调动了，不管是忍耐、委屈，还是愤怒、责备，其实都是上了孩子的当，都让孩子的语言得逞了。

这时候的取胜之道就是，不被孩子的语言调动，反而去调动他，接纳他，让他感到不好意思或尴尬。

又如，丈夫暗示妻子说该拖地板了。如果妻子内心不情愿，但是仍然坚持去拖地板，或者直接跟丈夫吵架，那也上了丈夫的当，会加重他这种暗示或要求的倾向。

怎么办呢？不为对方所调动，他说你该拖地板了，那你该做什么就做什么，然后你争取平静友好地调动他，这是关键。

这时你可以说："老公，你没看我这会儿正在洗碗嘛，你能不能拖拖地板呢？"你或者说："老公，我这会儿很累，我坐这儿贴张面膜，你能不能拖拖地板呢？"或者说："我想歇一会儿，我就是个懒婆娘啊。"……总之，内心不生气，很平静，要让对方的言语攻击或语言暗示好像打到棉花上、扔到了空气中一样，无影无踪，没有任何效果。那么，他将来再发动战争的欲望就会降低。

第二个原则就是要速战速决。

俗话说，天上下雨地下流，小两口吵架不记仇。家人之间，共处一室，低头不见抬头见，很多事情需要互相配合，因此最害怕长时间的冷战。如果出现了问题，马上能够解决，就会加深彼此的感情。

我们前面提到的一分钟责备法，就是快速地处理孩子的行为问题的，既让孩子知道自己行为的错误，同时又能感受到父母对自己无条件的关注和爱。

当然，对爱人不能用一分钟责备法，但是也必须短平快。比方说，丈夫让你拖地板，你要是生气，或者是带着情绪去拖地，那自然会很难受。你如果出其不意地去亲他一下或者是拥抱他，或者是拿出一朵花，或者是做出其他彼此尊重、不卑不亢地表达自己心情的举动，说不定就快速化解了。

总之，就是要调动对方，而不被对方调动，并且出其不意，攻其不备，快速地让这种思想的决斗化于无形，这样才能保持家庭的和睦。

战争最终的胜利取决于情报，第三条原则就是要收集信息。

《孙子兵法》中有五间，即因间、内间、反间、死间、生间，就是采用各种各样的手段去了解信息。动力沟通理论认为，收集情报，就是觉察。觉察自己，觉察对方，觉察自己的感受，觉察自己的身体，觉察自己的思想，也觉察对方的身体感受和思想。你有了这些觉察之后，那么你就更容易知己知彼，取得战争的胜利。

第四条原则就是不断地提高自我修养，增强自身实力。

我们自己办事总是合情合理，并且尊重对方，那就能够处于不败之地。

总结一下，关于家庭之内的思想战争，取胜之道其实就是：

第一，你打你的，我打我的，调动对方，不要被对方调动。

第二，不要久战，要速战速决，快速地抓住对方的问题予以解决。

第三，加强自我觉察，并且要觉察他人。

第四，要加强自我修养，修道而保法，让自己处于不败之地。

只要我们做到了这四点，在任何一场思想的战争上都是可以取得胜利的。

3. 关于家庭战争的问答

问：上周做了一个咨询，一位刚大学毕业的男士，被父母费尽心思安排

第七章
父母的四个"家"

到一个非常稳定的部门工作,而这位年轻男士对现在的工作很反感,总要辞职。父母晓之以理,动之以情,说服孩子安心工作。现在这位男士虽然没有辞职,但是请了长假,每天宅在家里不见人,还喜欢上了异性服装,经常自己偷偷穿……这场战争中,这对父母彻底失败了…

答:的确是,孩子为了打赢自己跟父母的思想的战争,是愿意以毁掉自己为代价的!父母把孩子看成自己的财富或产品,那么孩子就毁掉自己,毁掉父母的财富与产品,从而战胜父母!

问:孩子近期不想读书,每到读书时间就去做别的,作为家长,我就拿起书来自己读,自己读得津津有味的时候,孩子就过来了。这或许是符合思想战争的第一条原则,你打你的,我打我的。

答:这种做法,与其说是符合思想战争的第一条原则,不如说是符合思想战争的第四条原则,提高自己的修养。家长自己爱好这本书,读这本书,自己读得津津有味,我们自己的修养得到提高了,孩子自然而然就受熏陶了。

我有一个朋友,还是个处级干部,他也是想发挥榜样作用。他每天晚上七点多回到家,吃完饭,就拿着文件开始高声朗读,老婆和孩子都嘲笑他,结果他后来自己也坚持不下去了。为什么呢?因为他在朗读的时候就是想发挥榜样作用,是在演戏给孩子看,并不是真在享受这个过程,当然没有感染力,并且不容易坚持了。

问:我爱人的战法是百毒不侵!她不想做的事你说破天也不回应,你说地板脏了该擦了,充耳不闻,你爱擦不擦;你说饭后收一下碗筷,她吃完放下就走,放多久也视而不见……

答:那是因为你的爱人有其他方面的重大贡献,非常自信,才能够如此洒脱,随便可以脱离配偶的思想战场!如果她没有其他方面的贡献,她这么傲慢,说不定你就开始进行人身攻击了。

问:又到暑假了,许多家长在为孩子学什么、哪里学而忙碌,而孩子却事不关己。站在觉察的角度,这是每年都在不断重复爆发的一场战争,处理不好,影响亲子关系。

答:关于孩子自己的事情,孩子却好像事不关己,高高挂起,让家长忙碌。这本身就是家长与孩子的思想之战,家长已经成了这场战争的失败者!

三、教育家

1. 教育家的首要特征:无知

一说起教育家,人们常常想到的就是学富五车、著作等身等。但是,作为中国教育家鼻祖的孔子,他对教育是怎么看的呢?

孔子是这么看自己的:"吾有知乎哉?无知也。有鄙夫问于我,空空如也。我叩其两端而竭焉。"

跟孔子同一时代的一位古希腊教育家和哲学家苏格拉底,也认为知识都在每个人自己的心目中。所谓的老师,只是通过提问,帮着别人,把内心的良知,把内心深处的知识挖掘出来而已。

同一时代还有另外一个生活在印度的伟大人物(有人说比孔子晚一点儿),释迦牟尼。释迦牟尼也是这样,他也不教别人,而是通过让人观自在,观察自己的心,观察自己的身体,观察自己的感觉来觉悟,来去掉烦恼,来增加智慧。

可以说,从孔子到苏格拉底,再到释迦牟尼,这些开启了人类智慧的伟大人物,他们都是这样教育人的:以自己的无知来启迪自己的学生,以自己的无知来增加对方的知识。孔子、苏格拉底、释迦牟尼,他们这么做背后的心理学依据是什么呢?

我们知道,人一出生就在感觉这个世界,花开花落,日出日落,春种秋收,日常家务,不同人在不同的时间和场合做着不同的事,孩子都在内心观察着,并把这些异常丰富的形象储存在脑海中。

所有的知识,所有的规律,所有的理论,其实都隐藏在这些日常生活观察的现象内。关键就看人能不能去透过现象看本质。从牛顿发现万有引力定律的故事,我们可以知道,万有引力定律本来就蕴含在日常生活之中。如果人持之以恒,去伪存真,去粗取精,就会发现很多规律。

因此,教育家不是要把自己的思想、学问、感悟、经验灌输到孩子的头脑当中，而是要把孩子在世上生活中已经获得的体验挖掘出来，让孩子自己总结出规律，成为规律的发现者，让孩子成为自己命运的主宰！这才是真正的教育家的作用。

所以，我们说，教育家的第一个特点就是"无知"。教育家是"没有学问"的，他正是以自己"无学问"来衬托出自己的学生有学问，他正是以自己的"无学问"来提出一些无知的问题，用这些看似无知的问题来让学生启迪自己的智慧。

2. 教育家的第二个特征：对人感兴趣

牛顿，对天体物理感兴趣，在这方面，他有着无穷的探索欲望，他觉得自己是无知的，他要获取这方面的知识，因此他成了物理学家。他对人不感兴趣。我们都知道的一个例子就是他有一次把闹钟当成鸡蛋煮；有时候他也不知道自己吃没吃饭。由此可知，牛顿对人不感兴趣，对自己也不感兴趣，因此他没有成为教育家，而成了一个天体物理学家。

孔子是对人感兴趣的。孔子关于怎么看人，有这样的论述："视其所以，观其所由，察其所安，人焉廋哉？人焉廋哉？"

可以说，孔子就是通过360°的视角，从方方面面研究人。因此孔子成为中国历史上最伟大的教育家。

我们都知道"亚圣"孟子，中国历史上第二个伟大的教育家，他说过这样的一段话："君子有三乐，而王天下不与存焉。"就是说君子有三大快乐，称王天下不在其中。哪"三乐"呢？

"父母俱存，兄弟无故"，就是父母都活着，兄弟也都很好，这是一乐也。

"仰不愧于天，俯不怍于人"，就是上不愧对于天，下不愧对于人，这是二乐也。

"得天下英才而教育之"，就是有一群青年才俊跟着自己学习，并且可以启发他们，这是三乐也。

孟子就是对人感兴趣的，所以他也成了伟大的教育家。

3. 教育家的第三个特征：跟人对着干

除了无知和对人感兴趣，教育家还有没有第三个特点呢？如果有，那是什么呢？

本书的回答是：有。就是"跟人对着干"。

跟人对着干，这是建立在前面两点的基础上的。

首先是无知，你并不想教给别人什么，而只想帮助别人开发什么。

其次是你对人感兴趣，你注意这个人。

因此，当你发现这个人被一些陈旧的思想限制了，就要跟他对着干，打破他的思想壁垒。

关于"跟人对着干"有一个例子，是关于孟母的故事。

孟子是一个严肃认真搞儒学的人，从他的文章也可以看出他是一个正气凛然的人。他结婚之后，有一次回到自己的屋里发现妻子衣冠不整，所以非常生气，并且从此不理自己的妻子，搞得妻子也非常尴尬，准备回娘家了。

孟母从儿媳妇那里了解了这件事之后就把孟子叫过来了，说："孟轲呀，你干什么呢？你不是非常注重礼节吗，因为妻子衣冠不整，你不理她了，是吗？但是你自己按照礼节来做了吗？《礼记》上说，进大门的时候，要问一下谁在里面，这是表示尊敬；进堂屋的时候，声音一定要响亮，这是表示通知了人家；将要进屋时，眼睛一定要往下看，免得撞上人有尴尬的时候。"（原话是"夫礼，将入门，问孰存，所以致敬也；将上堂，声必扬，所以戒人也；将入户，视必下，恐见人过也。"）

孟母责备儿子："这三条你自己都没照做，不是和圣人差得太远了吗？"

被母亲教训后，孟子知道了自己的错误，于是又和自己的妻子和好如初了。

看着这个例子，遥想那位深明大义、智慧善良的母亲，她"以子之矛，攻子之盾"，把这个心高气傲的研究儒学、重视礼仪的年轻学者教训得服服帖帖，真是让人钦佩。

因此，教育家总是跟教育对象对着干的。针对学生或孩子思想上的执着，针对学生的思想壁垒，跟这些执着和壁垒对着干，让他们发现自己的问题，从而帮助他们用新的视角，发现新的风景。

4. 教育家的第四个特征：述而不作

教育家的第四个特点即最后一个特点是，让受教育者出作品。

孔子"述而不作"，包括《论语》都是他的学生集结而成的，后来儒学那么多浩瀚的典籍都是孔子学生的学生写作的。

苏格拉底也是"述而不作"的，他的学生柏拉图，成了伟大的哲人和作家，把苏格拉底的形象栩栩如生地描写出来。

释迦牟尼，也是"述而不作"的，佛教的典籍最早都是释迦牟尼的弟子阿南背诵出来的。

同样，一个教师之所以优秀，也不是因为自己的课讲得精彩，自己的书写得精彩，而是因为自己的学生优秀，自己的学生快速成长，展现出了智慧。

5. 家庭中的教育家

教育家的这四个特点，怎么体现到家长对自己孩子的教育上呢？具体来说，家长这个教育家该怎么做呢？

第一，无论面对多大的孩子，家长首先要承认自己是无知的，对于自己孩子的心灵世界一无所知，或者所知甚少。孩子看到了什么，感觉到了什么，家长往往并不知道，因此家长要知道并承认自己的无知。

第二，对人感兴趣，体现在家庭教育上，就是无条件地爱自己的孩子。不管孩子是男是女，是聋是哑，身体状况如何，学习成绩好坏、能力大小，作为自己的孩子，肯定是值得自己爱的。家长一看到自己的孩子，内心就充满了积极的、悦纳的情感！并不是想要这个孩子未来成为一个大人物，而是孩子本身出现在家长面前，就值得家长自豪。

第三，跟自己的孩子对着干。对着干就意味着家长和孩子是平等的人。在心理世界，家长不是权威，而是平等的陪伴者乃至挑战者。在跟孩子对着干的过程中，促进孩子自己有了新的发现。

比如说，五岁的孩子缠着家长，要家长满足他一个愿望。这时，家长就要跟他对着干，问他："我为什么要给你这个东西啊？那你给我什么好处？你能不能帮我做×××啊？"家长要提出一些孩子力所能及的事情。

这样，在这平等博弈的过程中间，五岁的孩子慢慢就克服了这个年龄段固有的自我中心思想，学会了为家长服务，也知道为满足自己的欲望也要为成人做出一些服务。这是跟幼儿对着干。

小学生阶段往往迷信权威，他什么事都愿意听爸爸妈妈的，尤其一段时间非常愿意听。那么爸爸妈妈如何跟崇拜权威的小学生对着干呢？

这时，让孩子知道在这件事上他是权威，他要做主，而家长做不了主，并且家长要把孩子当成权威，跟小学生的权威崇拜对着干！在对着干的过程中，让孩子慢慢变得更加自立自主。

第四，在家庭教育的过程中，父母做什么、说什么不是目的，孩子成长了才是目的。家长每天能够看到孩子的进步，发现孩子的闪光点，同时让孩子也能看到自己的进步，越来越自主、自立、自信、自强！

好，我们总结一下教育家的四个特点。

一是无知。以自己的无知来挖掘受教育者的内心世界。

二是对人感兴趣。人心是最生动的、最有活力的。宁静温馨地关注人，关注者会因此受益，被关注者也会因此受益，教学相长，交互滋养。

三是跟人对着干，善意地挑战对方。

四是受教育者出作品。

四、思想家

1. 思想左右了我们

人类因为思想而伟大。我们有了思想，有了语言，有了概念，我们能够把我们的体验与感受记录下来，在人际之间进行交流，因此我们逐渐建立了属于人类的文明，超越了动物，成了自然界之王，高高地坐在自然界宝座上。

但是同样也是因为思想，我们丧失了感受当下、活在当下的能力。人们其实都活在自己的思想中，成年人看到的任何东西，其实已经不是纯粹的感觉，听到任何声音也不是纯粹的感觉！所有这些信息都是经过人的思想翻译了的。思想这个翻译官，主宰了一切。

关于这个事实，有一个著名的比喻：人就是一个军队，自我，就相当于军队的司令，人类的身体就相当于庞大的军团。军队有五个侦查兵——视觉、听觉、嗅觉、味觉、触觉，这五个侦查兵替军队收集信息。然而，这五个侦查兵说的话，司令听不懂。只有思想这个翻译官向司令翻译了视觉、听觉、嗅觉、味觉、触觉五个侦查兵收集的内外信息，司令才能指挥身体这个军团采取行动。

我们每个人都是被思想翻译官所控制的，思想这个翻译官的水平有多高，我们对世界的了解就有多准确，行动就有多精准、多有效。

所以，再次祝贺各位读者，翻开本书，并读到这里，你的生命可能将会有所不同！为什么？

因为这个世界是什么样子，我们并不真的知道！我们知道的，都是我们的思想翻译官告诉我们的！换句话说，你的生活是否如意，你的孩子好不好，你的家人是否令你满意，这都取决于你的思想翻译官的翻译！

用一个更接近现场的例子来说，就是：你手头的这本书好不好？它不取决于这本书的质量，而是取决于你的思想翻译官的水平！如果你的思想翻译官翻译得好，这本书写得再差，你的思想翻译官仍然能讲得精彩纷呈。

我们每个人都活在自己思想的世界里，只要我们知道了这个真相，我们已经走向了独立自主的人生！我们每个人，每时每刻，都必须审查思想这个翻译官，监督思想这个翻译官，改造思想这个翻译官，与思想翻译官进行终生的博弈，是我们每个人终生要做的最重要的事。

当人类有了思想概念，并且思想概念成了人生的主宰，我们人类的痛苦就从此开始了。婴儿是没有思想的，但是婴儿在人类社会中，由家长抚养长大，家长在照顾婴儿的过程中，也把人类的思想灌输给了婴儿，从此婴儿逐渐失去了童真，变成了自我设限的在思想中画地为牢的人。

2. 生命之树常青

当代的生活节奏很快，压力很大，好多人都丧失了安全感，工作也不好找，不稳定，甚至大学生毕业即失业。看着小学生们背着沉重的书包，走向课堂的时候，或者看着牙牙学语、蹒跚学步的幼儿玩耍的时候，家长的内心往往都升起一种莫名的焦虑，看不到自己的前途，也看不到孩子的前途。

因此家长总想抓到什么稳定的东西，比如上大学，学会某种技能，得到某种社会奖励，从而跟他人相比取得某种竞争优势……如果没有这些东西，家长就感觉好像对自己孩子不负责任，因此"不要输在起跑线上"，这句话在家长中广为流行。

但是，很多家长偏偏忘了，世界在快速变化，而思想永远是落后于变化的！思想是世界真相的一个心理地图，这个地图的更新，永远跟不上世界变化的步伐。因此我们必须要放下我们的思想，而去感受孩子，感受这个世界，让自己觉察的目光更清澈、更深邃、更高远，这样才能陪伴着孩子适应这个快速变化的世界。

这并不是说思想不重要，相反，本书认为思想非常重要。但是本书在这里想和读者分享的是，我们不要把思想顶在自己的头顶，成为自己的负担，而要把思想踩在脚下，成为自己更上一层的台阶，从而站在思想的顶端，感受这个世界！

会当凌绝顶，一览众山小。

我们掌握的前人的经验越多，我们掌握的系统的知识越多，同时不是把它顶在头顶上，而是把它踩在脚下，那么我们就站得越高，越有优势，看到的东西就越多，对未来的把握就越多。然而，如果我们只是把掌握知识作为目标，而不是以感受世界、适应世界、创造新世界作为追求，那么我们可能就是在思想的旧地图里画地为牢，自己把自己放进了思想的监狱！

有个典故描述了这种状况：盲人骑瞎马，夜半临深池。

如果我们被知识挡住了眼睛，那我们就变成了盲人，丧失了对外部世界的感受，我们的身体就像一匹瞎马！活在自己的思想中，跟他人没有交往，跟世界没有互动，那么我们就是孤独地行走在黑夜中！现实世界充满了挫折和苦难，如果一个人瞎眼摸黑走路，那么等待他的必然是掉进万丈深渊，没有人能解救！所以，动力沟通理论一直在倡导：抛开僵化的思想，感受这个鲜活的世界吧！

3. 觉察自己的思想

歌德说，所有的理论都是灰色的，唯有生命之树常青。但是本书在这里

第七章
父母的四个"家"

要对此刻还在看本书的各位读者说：祝贺你此刻还在本书灰色的思想中穿越。

没有灰色的理论，我们也就不知道生命之树的存在。就像那些猪、狗、牛、羊、苍蝇、蚊子一样，它们没有思想，只能默默地生存着，繁衍着，消失着，基于生命的本能轮回着。

人们常说，要站在巨人的肩膀上，其实，不是让我们真的站在巨人的肉体肩膀上，而是站在巨人思想垒成的知识台阶上！而这个爬上巨人肩膀，站在前人思想的台阶上的过程，是艰苦的过程！"书山有路勤为径，学海无涯苦作舟"，说的就是这个意思。我们"勤为径""苦作舟"的目的，不是在知识的迷宫中徘徊，而是要跳出知识之海，站在知识之塔上，放眼感受世界。

人跟动物的区别，就在于人的思想。由于思想可记录、可传递，因此人类可以继承前人的经验，踩着巨人的肩膀前进。我们知道，人类的婴儿，具有无限的可塑性，跟着狼就成了"狼孩"，跟着猪就成了"猪孩"，跟着我们人就成了人。人跟猪和狼不一样的地方就是因为人有思想！思想，以及表达思想的概念，都是前人教给我们的。现在，我们作为孩子的前人，又要把我们的前人的思想，灌输到孩子的头脑里。在这个过程中，作为家长，孩子的领路人，孩子思想的塑造者，我们首先要觉察我们自己的思想。

我们的思想里面有什么？

我们认为什么是重要的？

我们认为什么是不重要的？

为什么这些东西重要？

这些东西对我们重要，但是对孩子重要不重要？对孩子的未来重要不重要？

……

所有这些问题，这些思想家的问题，都是作为家长要觉察的。

俗话说，望子成龙，望女成凤，为什么？龙和凤在你心目中是什么样的形象？你怎么定义龙和凤？……

对这些问题，作为家长的人，系统思考过没有？如果没有系统思考过，那可能就是在没有地图和指南针的情况下，就踏上一条陌生的漫漫征途！

4. 觉察自己的三观

现在好多家长都在寻求家庭教育的方法，其实方法并不重要，相反，家长的思想地图，家长的三观——人生观、价值观、世界观，才决定了家长自己的人生道路和人生质量，也决定了孩子的人生道路和质量。

现在，我们可以觉察一下，为什么要花时间来看这本书？并且到现在也没有放下？这后面隐藏着什么样的人生观、价值观和世界观？

有的读者，可能是邓兰勤女士开展的"多特儿童专注力"项目的家长；有的读者，可能是王文忠博士倡导的动力沟通理论的爱好者；有的读者可能是因为看到了《聚焦家庭教育》这个书名……

冲着邓兰勤女士来的，可能是基于信任，价值观里可能重视友谊！

基于动力沟通理论来的，可能重视知识和框架！

到书店随便翻翻，基于《聚焦家庭教育》书名而来的，可能重视实践。

……

就我们翻看这本书这件小事，背后就隐藏着几种不同的价值要素，折射着读者的价值观、人生观和世界观。

各位读者，只有觉察到我们日常行为背后的思想框架，我们才可能活得明智，才可能当一个明智的家长。别说看书这样的事情，还有更小的事，甚至每个随意的动作背后都有不同的信念，不同的价值观。

假设此刻你正靠在书店的书架上看书，这个行为背后，投射出你相信书店是安全的，没有人会忽然从背后偷袭。如果你担心背后有人偷袭，就不会安心地看书了。

假设此刻你在家看书，一边看书，一边端起水杯随意地喝了一口水，背后折射出你相信这杯水里没有毒。现在，你在椅子上靠着椅背，安心地坐着。你为什么这么安心地坐着？那是因为你相信椅背不会折断，不会伤了你的腰。

所以，我们的任何一个动作，任何一件小事，背后都隐藏着你对一件事的判断，隐藏着对物质世界的判断，隐藏着对人际世界的判断，而这些判断都是由你的人生观、价值观和世界观决定的。但是，现在的社会舆论重视消费，往往引导着人们不去反思这些重大问题，反而让我们只痴迷于声色犬马的生活中，用球赛、K歌、旅游等各种消费，让人们回避对自己思想地图的觉察。

如果我们没有承担领导责任，如果我们不用对他人负责，我们自我放纵，迷迷糊糊地活着是可以的，但是，做了家长，一个小生命的成长从此开始依靠你，他的命运取决于你的思想地图的清晰度和实用度，因此作为家长不觉察这些肯定是不行的。只有觉察自己的人生观、价值观和世界观，我们才能成为合格的父母。

本书没有权力给你推荐三观（人生观、价值观、世界观），只是提出一个建议：觉察自己的三观。

三观作为我们生活的底色，往往是我们自己在很小的时候，在自己的成长环境中慢慢形成的。小时候的经历，成长过程中引发我们情绪的故事和事件，跟父母、同学、老师和其他亲戚、邻居的关系，还有小时候发生的一些重大社会事件，都会沉淀下来，成为我们生活的底色，成为我们的思想地图，塑造我们的三观。

作为家长，作为一名成年人，经常觉察我们自己的成长经历，是很重要的。否则，我们做很多事情，都像出于一种莫名奇妙、所谓命运地控制，其实，这些所谓莫名的控制，往往就是那些未经我们反思的思想地图，出于我们没有意识到的人生观、价值观和世界观。

总而言之，人的所有行为都是受自己的思想信念，受自己人生观、价值观和世界观指导的，因此做明智的父母，首先要反思自己的人生观、价值观和世界观等各种思想和信念。我们的人生观、价值观和世界观都跟自己的早期经历，跟自己受的早期教育和社会风气有关，因此我们要觉察这些，因此明智的父母也必须是思想家。

5. 向孩子学习

家长要反思自己的思想地图，反思自己的三观，着手点在哪里？

就是观察孩子，向孩子学习。

第一点，我们应学习孩子的赤子之心

孩子，带着纯洁好奇的心，认真地学习家长，慢慢地掌握了人类最复杂的产品，即语言，慢慢地掌握了行为规范和科学知识。如果说孩子的心是一张白纸，那么成人的心则可能充满了各种各样的框框和污垢。如果家长在陪伴孩子的过程中，能够学习孩子的纯洁的赤子之心，同时慢慢清理自己心中的污垢，让自己的心灵逐渐纯粹起来，这便是一个真正互相滋润，共同成长的过程。但是，家长往往没有向孩子学习，尤其没有学习孩子那种清澈的目光和纯净的心灵，总想急着把自己头脑中的各种自己没有认真反思的概念和观点灌输给孩子。

新生儿的长处就是人见人爱，动物见了婴儿都爱，狼会吃成年人、会吃掌握了语言的孩子，但是狼不吃婴儿，狼会把婴儿收养下来，把婴儿变成"狼孩"。猪也会把新生儿收养下来变成"猪孩"。为什么呢？

因为新生儿的学习能力是非常强的，跟着人就掌握了人的文明，跟着中国人就掌握了中文，跟着外国人就掌握了外文。他在任何一个环境下都能得到保护和成长。所以说《道德经》上讲婴儿"毒虫不螫，猛兽不据，攫鸟不搏"。意思就说，毒虫、猛兽、猛禽，都不伤害婴儿。

但是，有些家长可能会说："光有一颗赤子之心有什么用呢？必须掌握现代的文明，掌握科学知识，有一技之长，才能在社会上生存，取得竞争优势，否则就会被淘汰。"

其实，这种说法值得商榷。什么叫优势？什么叫劣势？这些说法，都是我们头脑中的概念，都是会随着时代的变化而变化的。

在重视金钱的社会里，有钱人算是有优势，穷人算是有劣势。

在重视宗教的社会里，牧师算是有优势。

在重视皇权社会里，跟皇帝沾亲带故算是有优势。

……

优势和劣势是随着时代的变化而不断变化的。在现在这个文化多元、价值多元、快速发展、快速变化、日益融合的信息爆炸的地球村里，如果家长还用头脑中自己固有的"优势""劣势"来要求孩子，往往事与愿违，会由于自己陈旧的价值观而伤害了孩子。

在一个快速变化的时代，保持心灵的宁静和纯洁，觉察变化，适应变化，

第七章
父母的四个"家"

才是最重要的能力！而儿童，正好具有这样的能力！学习孩子就是学习孩子带着赤诚的心、纯净的心、清澈的眼睛去观察这个世界，去适应这个世界而自我成长的这种倾向。

当然，在社会上生活，必须要掌握一定的知识技能，但是，我们在教给孩子知识技能且传递经验的时候，也要努力让孩子把这些知识技能和经验踩在脚下，让他们踩着知识放眼瞭望整个世界，而不要让知识本身成为他们的追求，这是所有的家长和老师都务必要注意的，否则就真的限制了孩子的发展。

作为成年人，我们向孩子学习的第二点，就是孩子的宽容！因为他们头脑中的思想概念比较少，条条框框比较少，因此，他们更容易宽容别人，不会把别人的错误当回事。几个孩子可能刚刚还打了架、受了委屈，再过一会儿就破涕为笑，玩在一块了。正是因为孩子们这种不计前嫌的宽容的能力，让他们更加自由，更容易与他人建立关系，更容易与他人互相启发，互相关照，共同进步。

一些读者看到这里，可能会有一个疑问：古人都说过，害人之心不可有，防人之心不可无。像孩子这样刚打完架，刚受了委屈，转眼就忘的这种品性到底是好还是不好呢？

对于这个疑问，本书的观点是这样的：

如果你把现实的财富与地位当成是你的追求，那么记住他人对自己的迫害，防止别人来陷害自己，"防人之心不可无"是对的。

但是，如果你不把现有的物质享受与社会地位当成主要的追求，而追求共同的创造，那么随时忘记过去，随时像对待一个新人一样对待曾经伤害过自己的人，那绝对是有好处的。

孔子也说过这样的话："以直报怨，以德报德"。

以德报德：那些对我们有恩的人，心胸宽广，他们值得我们进一步交往，因此我们要对他们更好，建立起命运共同体。

以直报怨：那些曾经伤害过我们的人，曾经剥夺了我们财富的人，曾经由于某种利益关系而伤害了我们的人，我们该怎么对待就怎么对待，现场不吃亏；下次见到这些人的时候，由于我们不重视那些已有的价值，而是更重视新的创造,所以再见到这些人的时候,仍然一起去创造,说不定他们已改变了,过去的已经过去了。

最后总结一下,孟子说,"大人者,不失其赤子之心者也。"我们想成为一个明智的家长,就要向孩子学习两点:第一,学习孩子的赤子之心,带着真诚的心和清澈的眼睛,去观察这个世界;第二,学习孩子内心的宽容和大度。

只要我们觉察到了孩子的这两点,向孩子学习,我们不仅自己会活得越来越健康,我们的孩子也会更有成就。

延伸阅读

理想骨感,现实丰满

刚开始关注动力沟通的人,常常有这样的说法:动力沟通提出自我金刚结构,传播美人系列技术,提倡打造劳动者命运共同体,让人成为自己的咨询师,做命运的主人。听起来很美,但是很难做到。

说这些话的人,往往是忘了本!忘了襁褓中的自己,忘了抱着襁褓中的自己的父母!

当父母抱着襁褓中的孩子时,当他们为孩子把屎把尿、穿衣喂奶时,他们大概不会说:"这个孩子长大成人,自己成家立业,挺好!但是,太难了。听起来很美,但是很难做到。"

父母只是把照顾孩子作为自己生活的一部分,天天照看着孩子,尽心尽力而已。孩子慢慢长大成人了。父母,虽然冉冉老去,但是看着孩子成长的足迹,内心充满了喜悦和感动。

动力沟通,其实就是把父母照看婴儿的方式和精神,用到自己照顾自己身上而已!

关注动力沟通的人,不论年龄几何,本书给出的建议都是:我们要把自己当成婴儿一样看着,用慈母的目光,在自己身后深情地、关切地看着自己!

第七章
父母的四个"家"

这么做，比真的当父母容易多了。真的婴儿，需要把屎把尿，穿衣喂饭；自己这个"婴儿"，能够自己行走，自己生活，甚至还能够自己挣钱、自己照顾一家人呢！

当我们成了自己的慈母，当我们总能够用出局的目光，深情地关注着自己时，我们就不再孤单，也不再焦虑和恐惧了！用个极端的情景：此时，忽然的车祸，杀戮，让我们这个"婴儿"的肉体死了，这就是让我们永远地回归到那个出局的慈母目光那里去！

俗话说，理想很丰满，现实很骨感。这句俗话，其实说颠倒了。

有骨头有肉，为丰满；只有骨头没有肉，为骨感。因此，真实的情况是：现实，永远是丰满的；理想，由于只是概念、只是构思，总是骨感的。

活在思想中而丧失当下的人，总是骨感的！在出局的慈母目光陪伴下，带着赤子之心生活的人，现实总是很丰满的！

动通家庭

家，是动通人的根基，也是自我金刚结构的基础意象。动通人，也提倡一种"讷于言而敏于行""知行合一""致良知"的家人般的相处的氛围。但是，为什么滋生了虚伪呢？

我觉得，核心原因，就是古人对"语言拆解"不够重视，或者说对"批评与自我批评"不够重视，结果让所谓的不揭短、维护面子的交流风气成了主流，给虚伪的人留下了生存的空间！

动通人强调现场，强调责任，强调过程透明！

在现场，大家都在那里，谁干了什么，谁用劲了，谁没用劲，很多人都是彼此有数的。由于观察范围有限，部分人，对另外的人用的劲、承担的责任不清楚。通过现场会议，通过批评与自我批评，表扬与自我表扬，大家就都清楚了。这时，不干活、不承担责任的人就暴露了，就没有立足之地了。

动通就是这样，一次次在干活儿中，增加彼此的了解，扩大彼此的思维空间，并把勇于承担责任的人团结到了一起。

家里面，大家由于是利益共同体，每个人都不会有意去害家人，家人之间一般不设防。所谓的家贼难防，也就是这个原因（因为都把彼此的后背交给了家人）。

但是，家人由于成长背景不同，行为习惯、思维方式、观察角度不同，自然会产生很多冲突。因此，一个和谐的家庭，必然是一个建立在批评与自我批评、表扬与自我表扬等语言拆解基础上，让各自的思维空间、认知地图越来越大的家庭。否则，每个家人都生活在自己的思想壁垒中，互相抱怨，只能让家庭越来越丧失活力。

一个不吵架的家庭，绝不是一个和谐家庭！因为吵架、动了情绪，而真的撂挑子的人，肯定也不是一家人。不过，因为吵架、少看一场电影、晚倒一次垃圾、少拖一次地这种无关大局的事"撂挑子"，倒是有可能，而且经常发生。

然而，真的因为吵架，孩子生病不去治了，父母生病不送医院了，重要朋友来了不接待了，这种事情应该不会发生，真的多次发生了，就不是一家人了。不过，一个本来就讨厌的朋友来借钱打秋风，借着夫妻吵架，趁机不接待、不来往了，倒有可能。

说到语言拆解，说到吵架，有个核心问题，或者说困难问题：成年子女怎么跟老年父母进行语言拆解？怎么不违反孝道的传统？

子曰："事父母几谏，见志不从，又敬不违，劳而不怨。"

意思是："侍奉父母，（如果父母有不对的地方），要委婉地劝说他们。（自己的意见表达了）见父母心里不愿听从，还是要对他们恭恭敬敬，并不违抗，替他们操劳而不怨恨。"

怎么看待这个问题呢？在这里，我们不要忘记古代的生产方式及孔子的学生的主要构成。孔子的学生，大多是有富余的精力和财力，来跟着游学的人，也都是有地的小地主子弟，甚至官僚子弟，不用自己辛苦干活来养着一大家子人。作为成年子女，用着父母的钱，还违背父母的意愿，那就违背马克思主义的"经济基础决定上层建筑"的基本规律了！

在现代社会，爱好勋通的成年人，都是自食其力的成年人，往往不从经

第七章
父母的四个"家"

济上占父母便宜,甚至往往会回馈父母。因此,动通人对待父母的方式,自然又不同。

本书认为:"事父母几谏,见志不从,那就让彼此的思想飞翔,只尊重和保护彼此的身体与感受,各自对各自的思想负责。"

爱动脑筋的读者可能会说:如果父母花成年孩子的钱,还总想让成年孩子按照父母的思想来行动,不按照父母的意愿就大发脾气,要死要活,怎么办?

对此,本书的回答是:冰冻三尺,非一日之寒。你作为成年子女,被自己的父母这么欺负,肯定也非一日之功,肯定也有你的软肋,被父母窥见了,并且捏住了。

因此,只能慢慢出局觉察,打造自我金刚结构,一点儿一点儿增加自己的稳定度和硬度,让对方捏不住、不敢捏(捏了就扎手),这可能是关键。

有人说,父母的思想很难改的,先顺了再说。不顺着父母,赢了又怎样?

对此,本书的观点是:总顺着父母,有可能会让父母变本加厉,或者让父母的思想僵化。

如果自己打造自我金刚结构,稳定地跟父母进行语言拆解,"批评与自我批评,表扬与自我表扬相结合",会帮助父母和家人扩展心理空间,都成为金刚美人,这样老年的父母更容易保持耳聪目明,甚至逆成长,越来越年轻、越来越健康!

第八章 家庭教育对话

第八章
家庭教育对话

一、如何跟孩子说话？

A：孩子爱看手机，要不要管孩子？

王文忠：孩子爱看手机，往往是因为觉得家长无聊，看见家长烦。

如果家长能成为自己孩子的一个目标，孩子一看见家长就很高兴和激动，见到家长就感觉亲切、生动，那么他自然而然就不玩手机了，而是把家长看作榜样，从家长这里学习了。

具体怎么办呢？

就是家长要不断地提高自己的修养，让自己变得新鲜！如果家长经常多思多行，如果家长充满宁静的无言的感受，那么，你自然就会滋养到孩子，这样，孩子就不会看那枯燥的手机了。

俗话说，"下雨天打孩子，闲着也是闲着"，很多人管孩子，是出于习惯，而不是出于觉察。因此，孩子自然会逆反，自然会跟手机亲近。

B：面对孩子，作为家长，很多事情不得不管。另外，管的时候，也意识不到自己说错了，其实自己也不想做错。

王文忠：嗯，该说还得说，关键还有一句话，不该说的就不说。

A：那就看这个度怎么把握了。

王文忠：如果作为家长，你经常说错，孩子都不看你了，开始经常看手机了，此时，家长最好就不要说了，而要认真地对待孩子，琢磨孩子的想法，找到最适合孩子、最能调动孩子兴趣的内容，再跟孩子说。

同时，家长对自己说的每句话，虽然可能装作很随意地说出来，但内心

133

都要认真琢磨，字斟句酌。对孩子说每句话之前，心里都要明白：我这句话说出去希望达到什么样的效果？孩子可能会有什么样的反应？有没有改进余地？对这些都要想到。

C：我就是总处在懊悔当中。每次话说完以后，我就说"又说错了，又说错了"。我总是在这样的纠结当中，我就不知道怎么让自己成长起来。

王文忠：跟孩子说话时，继续保持这个纠结的感觉就挺好。

其实做家长，说话很简单，就是在说话之前对自己说的话保持着疑问，不那么自信就行了。说话都像动手术，好的医生下的每一刀都是有讲究的，不能乱来，要把伤害降至最小。

总之，一说话就意味着伤害。

D：那是不是不说话就好啦？

王文忠：有了脓疮就要挤啊！挤出来对孩子有好处，尽管疼，但把脓挤出来，病就好啦。所以家长说话，一定要抱着做手术的态度，"下刀"尽量谨慎、精确。

要是你经常说话时不加考虑，拿着"刀子"乱抡，旁人可能不把你当回事，但我们的孩子比较小，心灵比较幼稚，还要靠家长吃饭穿衣，对家长很有感情，因此家长还拿着语言的"刀子"乱抡的时候，对孩子的伤害是非常大的。

一张嘴就是伤害。但是，不同人伤害的程度不同。如果说话时，总觉得自己说得对，路子正，盛气凌人，对别人伤害会更大。像我这样，知道自己是个粗陋的小人，也让别人知道这一点，对别人的伤害可能会小一点儿。

实际上人一张嘴就错了。只有无言的感受，婴儿的状态，才是不会错的。大家看婴儿就知道，婴儿不满足时哇哇大哭，但一满足就笑，马上就不哭了，中间没有任何间隔。所以，小孩的脸，像天上的云彩，变得很快，没有任何掩饰。成年人就不这样，总有各种想法，并且还要掩饰。

因此，动力沟通理论提倡，在亲密关系中，尽量少说话，尽量多去感受别人，家人之间不要费心去满足亲人的思想，但是要保证亲人身体的安全，满足身体的需要。在家里过着没有语言、没有互相算计的猪一般的生活。

第八章 家庭教育对话

我常常说，听心理学讲座，听动通讲座的人，往往越听越糊涂。为什么呢？

因为，讲座的形式和指导的内容往往是相反的。听得越多，对某个老师越佩服，学员往往越会模仿老师的话语。但是，人们常常会忘记，讲师讲完就走了，他们和学员在一起相处半天，顶多几天，但是，你要跟你的家人在一起生活几十年，甚至从出生到老死，都在一起。

学员从讲座场景中学到的越多，越想把学到的方法用在家人身上，往往就越是出问题。尤其是，你越关注讲师的语言，而不去考虑语言背后的意思，以及语言出现的背景，那么，你听得越多，记得越清楚，越出问题。

例如，我讲动通，讲要倾听，要接纳，要无言地关照。这本身就是一个矛盾。我要求大家，对孩子、对亲人，要接纳，像春风一样润物细无声，像春风一样杨柳拂面，但是在这里，我却总是在说，并且说得很严厉，很暴力。

因为我作为讲师，要在最短的时间内把几十年研究沟通的感悟说出来，必须非常犀利。但是，你要把这种东西默默地应用在日常生活中。你要跟你的沟通对象一起吃喝拉撒，为他洗衣服、拖地，而这些，在讲课的现场都没有。

E：我有对儿龙凤胎，六岁半，两个人经常在家抢东西，一言不合就打起来。出现这种情况，我能不说话，看着两个孩子打闹？

王文忠：要不出人命应该是没事，如果你默默地陪伴关照着，也不会出人命。同时由于你默默地陪伴关照，满足他们的需要，他们也都佩服你，把你当作榜样，也可以从你这里学到定力，并且会彼此关照。

E：我就怕他们变本加厉，让两个人的冲突变得越来越大。

王文忠：只要你静静地在旁边看着，应该不会出事。但是你心要是躁动了，那就没有办法了。

动通人要经常考虑死亡。你可以设想自己是一个死人，天塌不下来。或者考虑自己躺在床上动不了，孩子会怎么样。

F：嗯。为什么人家说懒婆娘往往会教出好孩子呢？因为妈妈的懒，会促使孩子自立。就怕妈妈太勤快，而且还想在孩子面前要个好名声，就会把孩

135

子毁了。

G：如果在工作中，该干活时员工却玩手机，怎么办？

王文忠：工作是有报酬的，我当老板，当然要管了。我为什么雇人干活？就是要其他人贯彻我的意图，那我当然要说了。

家庭教育，是培养孩子的自主性的，当然家长说得越少越好。

另外，在工作中，也有管理和领导的区别。管理，就是员工要执行我的规定，完成我的意图，把员工设想成一个机器人。领导，就是要提高员工的能力和自主性，领导者要陪伴关照员工，发挥榜样作用，让员工心里舒服，在工作中成长。

管理，是通过规定与奖惩；领导，是通过陪伴关照和榜样作用。

家长也有两类面孔：管理时刻和领导时刻（影响时刻）。

管理型任务，比如在家长赶着做饭的时候，小孩子不能到厨房来，来了之后家长关照不到孩子，被烫伤怎么办？父母下班回来，累得不行，饿得不行，孩子不吃饭，要让自己陪着玩，怎么办？在父母自己有迫在眉睫的任务时，在没有精力关照孩子的时候，就要强硬地管理孩子，限制孩子，不能让孩子打扰自己。这时候就需要管理。

在父母心有余力的时候，在父母想要教育孩子的时候，在父母关心孩子的成长的时候，就是父母发挥领导作用的时候。最好的领导，就是陪伴关照。什么也不用说，默默陪着就行，同时该做什么就做什么，发挥榜样作用。

所以，家庭教育包括两个方面。一方面是家长满足自己的需要，满足家庭生存的需要。这种事情是硬性的要求，这时，不是陪伴关照孩子的时刻，是需要控制和隔离孩子，不能彼此干扰的时刻。另一方面是家长满足孩子成长的需要，教育、影响孩子。这时候家长要陪伴关照孩子，默默熏陶，发挥榜样作用，基本不需要说话。

如果家长在教育孩子时一定要说话，那就把孩子当成咨询师，当成领导，当成自己的父母，去跟孩子交心，向孩子汇报自己一天的收获和困惑，向孩子请教。

比如，要向孩子汇报，自己今天在单位里边遇到了什么事情，处理得有点儿问题，心里不满意。让孩子替家长分析分析，给家长出出主意。向孩子请教，向孩子汇报自己的心声，这也是一种教育。不是教育孩子而是让孩子去教育家长，在教育家长的过程中，让孩子了解成年人的生活，成年人的酸甜苦辣，这样，孩子就会更了解家长，更会帮助家长，更不会给家长添乱，同时也跟家长建立了友谊，在自己遇到问题时，也愿意向家长请教。

好的父母，就要装糊涂，以己之昏昏，使人昭昭。以能问于不能，以多问于寡，在这个过程中，让孩子了解自己，增加彼此之间的友谊，陪伴孩子成长。

H：我家孩子八岁了，现在上学，他晚上睡得特别晚，你如果不管他，他可以半夜一两点才睡。我要不催他早点儿睡，会影响他第二天上学。还有睡的时间不够，会影响长身体。我现在也不知道，到底该不该说他？

王文忠：说肯定是没用的，行动才有用。

用一个极端的例子，一到时间，你就把孩子抱到床上，摁到床上，不管他的怎么折腾，只当他"死"了，可能就没事了。如果抱不动、摁不动，那就当自己"死"了，"死"了也就放心了，一"死"了之，家里的事情都是一"死"了之。

自从掌握了母语之后，孩子就到家外边去说话了，到外边去接受别人语言的阉割，满足别人的思想，从外边得到资源，把资源拿回家里，在家里互相陪伴、关照和滋养。

为什么我们在这里说话呀？因为我们不是一家人，所以才彼此说这么多话。你真正的家人，此刻正在几公里外，无语地挣钱，照顾孩子，做家务呢。

为什么说那些爱学心理学的傻瓜，听得越多，越笨，越混乱，就是因为，我们现在说话的状态和我们真正家庭的状态是完全相反的。

明白了这个道理，那么这次的讲座就没有白听。我有一个常问的问题：咱们这个屋子里，谁的权力最大？

墙的权力最大！它一句话不说，它在哪儿留门，你就只能从哪个门出去。它在哪里开个窗户，你就只能从哪里看出去。墙越稳定、越沉默，威严越大。墙要一动，往往就是地震了，自己也就毁了。不说话的好处就在这儿，父母

聚焦家庭教育

稳定无言地看着，孩子就会安全自在地成长。

l：王老师，我儿子现在已经12岁了，应该进入叛逆期了吧，可严重了。我儿子学习成绩不好。其实三年级之前他学习还是挺好的。现在，老师不停地找家长，就造成了学校和家里两头给孩子压力，孩子就有点儿受不了了。其实我心里特别明白，但就是不知道该怎么和他改善这种情况。目前，我无论和他说什么，他都会马上和我翻脸，我一般都能忍住，然后在心里劝自己别和他一般见识，但是等到他第三次再跟我翻脸的时候我就不想忍了，我就会爆发。

现在，我们两个在家里的关系一直是这样的恶性循环。孩子看我也烦，我看他是又心疼又烦。尤其是在我打了他以后，我就气得坐在一边哭，他在另一边哭。其实我特心疼他，但是我又特别生他的气。

王文忠：我们一再强调，最有效的家庭教育，就是家长看着孩子，但是不说话，实在要说话就要把自己的难处告诉孩子，向孩子请教。你可以把你的难处告诉孩子。

第一，该怎么教孩子，你可以向孩子请教。你可以跟孩子说："你们老师和我说了你的情况，要让我来帮助你，但是我也帮助不了你，你看我该怎么办？"

第二，你也可以拿自己生活中或工作中的事向孩子请教。你把孩子当成导师，当成心理咨询师，经常向他请教就可以了。

本来是你要教他的，但是你知道自己不行，你看着，然后把孩子当老师，去请教他，在这个过程中孩子就会变得越来越明智、越来越负责、越来越好，孩子可能比你还先打造出自我金刚结构，会更成熟。

l：我现在和他说话就说不到一块儿。说不过三句话，我也急了，他也急了，他爸一看到这情况就会收拾他。

王文忠：没有别的，就是向孩子请教。孩子只要不犯法就没事，犯法了有警察管，所以作为父母，就是多请教孩子，多默默关注孩子就行。他不欺负你，他要是欺负你，打你耳光，你不让他打；他朝你脸上吐痰，你不让他吐，可以揍他。只要他没有打你耳光，没有朝你脸上吐痰，你就默默地陪伴、关注孩子，有问题向孩子请教就行了。能做到吗？

Ｉ：我尽量做吧！我现在在慢慢地改变，但是有点儿心急。

王文忠：然后，把你向孩子请教的过程，以及孩子教给你的东西，写成文章交给我。说不定下一本书里，就有你的文章。

Ｊ：王老师，我有一个成长经历，想拿出来当个例子，您帮我解惑一下。小时候我父母把我放到姥姥那里了。姥姥住在市里，我的父母住在农村。其实老人，或者姨、舅舅，他们对我真的很好。但是处在我那个年龄从农村来到城里，在城市里受到九年义务教育，看到身边那些孩子跟父母在一起，就在心里埋下了一颗自卑的种子。这颗自卑的种子，让我畏惧一些事情；但等到事情真的来临时，我却发现我其实能行。怎么看待这个现象？

王文忠：我觉得这是好事。孔夫子就说过，要选什么样的人一起同行呢？"必也临事而惧，好谋而成者也"，就是要选择你这样的人：遇事时就是要先害怕，并且去琢磨办法，然后把事办成。你要是什么事都大无畏地去做，那反而容易惹乱子，惹麻烦。所以，你说的现象，是好事。

Ｊ：我儿子六岁了，我发现他有些胆小。我几次带他去大型的游乐场，他只玩海洋球和滑梯，别的都不玩。我就问他，"别的你为什么不玩？"他说，"妈妈，我觉得我害怕，我做不成。"我没有强迫他，只是跟他说："这就是个摇摇晃晃的把戏，没有什么的，你确实害怕，就不要去做了。但是你的害怕，就给你设置了障碍，因为都没有尝试你就放弃了。"

我不知道这种说法对不对？

王文忠：我觉得你的说法有问题。

你的孩子"临事而惧，好谋而成，战战兢兢，如履薄冰"，这是好事，是符合孔子《论语》，以及老子《道德经》的要求的。因此，作为母亲应该鼓励他，告诉他："你这么小，就这么谨慎，太好了。你看，那边那个孩子，莽莽撞撞，结果总摔跤。你从小会保护自己，妈妈放心了。随着你的能力越来越大，你能做的事情也越来越多，妈妈真高兴。"

孩子受到鼓励，心情就阳光了，之后做事情就更有勇气了。所以，父母自己要安心，也要让孩子安心，一切要以安心为本。

二、如何跟亲人表达情感?

A：我一直有一个没有处理的问题，就是在家人面前，展现得硬邦邦的，在妈妈面前永远不能柔软起来，不会去抱抱她呀，撒撒娇。

王文忠：这有那么重要吗？抱一下有什么好处吗？

A：我觉得这种无声的语言，这样的沟通会给妈妈一种力量。

王文忠：虚情假意的并没有什么意思。家人之间长期在一起，彼此干了什么，家人之间心里都清楚，不需要专门表达情感。

A：之所以纠结这一点，是因为有一天从我家走的时候，我妈突然就号啕大哭，过来把我抱住。我突然就不知所措了，都不知道抱她一下，我就两只手垂在下面，但那时候我特别难过。不过我没哭，后来我面无表情地就走了，走到楼下我就开始哭。那个时候我想，妈妈在抱我的时候，我给她一个回抱她会觉得心里舒服很多，但我又没做到。

王文忠：别把一个拥抱看得多重要。

照顾妈妈的身体，帮助妈妈干事情，妈妈自然有感觉，把你当主心骨。所以，她难受时才会抱着你哭。如果你也抱着她，说不定她还难为情了。

B：王老师认为家人要学猪的状态，每只猪都有自己要做的事，保持自己的本分。如果有的猪不做好自己的本分，那该怎么办？

王文忠：你说得太抽象了。你再具体地举个例子。

B：比如，在家里，我老公喜欢玩游戏，我就得多做家务。我心理不平衡。

王文忠：你和他离婚不就得了嘛。

B：舍不得嘛。

王文忠：舍不得，那就是他有好处呀。要么是他从外边拿回来的东西多，给你钱多？要么是他长得潇洒，为了他的笑脸，你愿意多干？要么是他有力量，和他走在一起的时候，你特别安心，不用担心受别人欺负？要么就是他特别能够得到你爸爸妈妈的欢心？

总之，家里每个成员的做法都是有自己的根据的，都不是平白无故的。

我举一个自己的例子。我在家爱做饭，我爱人爱收拾厨房和卫生间，把家弄得很干净。刚结婚时，我老觉得我干得多，后来她出差了，我发现屋子若不收拾一会儿就脏了，厨房卫生间也一会儿就脏了，这才发现她也干了很多。

每个人成长背景不一样。我爱人的父母都是工人，住在城镇，重视家庭卫生；我出生、成长在农村，地方比较大，能吃饱就行，对家庭卫生不重视。所以就形成这样的习惯。

所有的行为，都有它的合理性。发现每个人的合理性，接纳每个人的合理性，不要强求别人改变。家人相处，就是这么简单。

我们接纳了自己，也接纳了别人，心态稳定地做自己该做的事情，而家里的其他人，说不定长期受你的影响，也就慢慢改变了。不改变也没有关系，反正在家里做的事情，都是自己愿意做的。不愿意做的，只要不紧急，就可以不做。

总之，在家里，永远不要对他人说三道四。

当然，我现在这么说的时候，就是在对你说三道四。因为我是讲师，跟你短时在一起，才对你说三道四，才用语言要求你"不要对家人说三道四"。如果我们是一家人，如果我们长期在一起，这样的话，就不用说了。所以我一再强调，讲课和家庭，完全是两回事。如果听心理学的课，缺乏对关系的反观，就会越听越糟糕。

B：这我能理解，这是因为老师所扮演的角色不一样。

C：我来自农村，我的父亲是非常老实的农村人，小时候，他没有给我安全感，或者给我力量感。比如说，在村子里，我们家特别穷，我父亲对我连最基本的言语上的保护都没有，我十几岁的时候，心里挺恨他的，觉得他挺不像个男人的，这是真心话。

随着慢慢地成长，接触心理学后，我会试着去感恩，我想父亲已经尽他所能，给我最好的了。但是说实话，直到今天，我多多少少还是有那种不舒服的感觉，没有办法真正从内心去面对。我还是渴望从他身上看到那种心目中父亲的形象。但我又觉得不对，不应该对他要求什么。

聚焦家庭教育

王文忠：这对你是好事啊！有一个父亲可以抱怨，还不影响自己的生活，也不影响自己跟父亲的感情，这样很健康啊。在内心抱怨，同时，又不推卸自己的责任，这是非常好的维持心理健康的做法。

我也常常抱怨我的父亲。比如，我觉得，如果我父亲懂得动力沟通，在我成长的过程中经常在做人方面能够给我点拨点拨，我现在也许有番更大的作为。但是，在我成长的过程中，父亲没有有意识地在人际关系上点拨我。他是老师，也受改革开放的影响，就是鼓励我好好学习，将来留学英美，将来做出一番大事业。

我在父亲的影响下，认真学习，15岁就考上北京师范大学，不到20岁就考上了研究生，留在中国科学院心理研究所工作，做什么事都很顺利，但是不会处理人际关系，也经常跟领导和同事闹别扭。

我常想，如果我小时候受到父亲情商方面的点拨，一工作就懂得去感受他人，懂得处理人际关系，我的前途肯定无可限量。就是因为不会感受别人，总觉得学好数理化，走遍天下都不怕，觉得靠自己单打独斗就能够成功，结果吃了很大的亏，到现在也很平庸。

所以，我常常感到遗憾。我父亲已经去世了，我还记得另外一件我记恨父亲的事情。

我上初中的时候，1978年，听刘兰芳的评书《岳飞传》，听得特别上瘾，每到中午吃饭的时候就听。有一次，忽然听腻了，吃饭的时候跟我父亲说，以后再也不听《岳飞传》了。

父亲也觉得听这个耽误学习，不正经吃饭，老霸占着收音机，他想听个新闻也没法听。于是父亲说："你说好的不听了，要再听了怎么办？"

我说："再听了，我就抽自己一个耳光。"

第二天中午吃饭时，我又抱着收音机听评书。我父亲说了，"你昨天说不听了，今天怎么又听了，那你抽自己一个耳光吧。"

我当时就特别生气。饭也不吃了，抱着收音机就走了。

父亲也是半开玩笑半认真说的，但是这件事情过去40年了，想起来仍然是个伤害。

但是，我父亲是个非常好的父亲。他做的很多事情，都令我很感动，对我影响很大，我研究生毕业后研究家庭教育，也是受他的影响，觉得家庭教育太重要了。举一个例子，我上高中的时候不认真学习，父亲也经常不管我。他经常骑着自行车，周末到我们学校，带我到河边去转转，买一块钱花生，和我边吃边聊，然后再到街上下馆子，吃一碗炝锅面，把我又送回学校。就这样，到高二的时候，我忽然觉醒了，又开始认真学习，并顺利考上大学了。

我讲我父亲的故事，是想说：我们每个人都期待他人的保护，期待他人无微不至的关怀，但是，无论多么亲近负责的人，要始终做到对我们感同身受，都是不可能的。人只有自己关怀自己，做自己的慈母，做自己的咨询师，这才是最靠谱的。

但是，有些遗憾，有些抱怨，能够在一个安全的场合说出来，这是非常好的，是非常珍贵的体验。其实我们很多人都有很多类似的体验，但是大家好像没有像你这样无私地分享出来。如果我们每个人都能够充分地分享自己，同时也能够让周围的人感觉有滋养，这样我们这个讲座就更成功了。

C：我今天找到我自己了。就是踩在地上的感觉。

王文忠：找到自己了，不再缥缈了，回到实际了，这个很重要。

三、如何调节自己的情绪？

A：我总是不能表达自己的愤怒。不高兴的话，我说不出来，每次都是这个样子，好像就是被卡住了，不通畅。

王文忠：你有一个乖乖女的形象。由于这个形象，你占了好多人的便宜，别人会对你关照有加，尽管你好多问题不如意，但是你得到了好多意外之喜，你要承认。这就叫有得有失。

如果你不再温和，而是要表达愤怒，当然可以。但是表达愤怒，别人也可能会对你有要求，责任自然也就加给你了。你表达了愤怒之后，别人也不会给你相应的便利了。所以这永远都是一个权衡的事。

B：我刚上班的时候，和一个同事关系挺好的。后来从外地来了个新同事，他们俩关系好上了，突然我就被孤立了，但是又没办法说出来，反而觉得自己不够优秀，没有吸引力，朋友都不愿跟我亲近，我也不会说讨好别人的话，也不会去迎合别人。虽然没有明确绝交，但是我不再进入他们的圈子，所有的活动我也不参加，他们也不主动来找我。就这样十几年了，但我自己还是不能够释怀。

其实我觉得自己还是挺好的，心思很简单，也很善良，可是为什么别人就不能走近我，我也不能走进别人的心里去？现在说起这件事来我还有点儿激动。

王文忠：平常，你的脸上有一点儿淡漠，说话声调也很平淡。此刻，你激动起来，我觉得挺好的，有些颤音儿，像个活人。你早上来的时候，就是像行尸走肉一样，给人的感觉就是不可亲。现在好了，脸色也红了，说话也带颤音儿了。（众笑）

为什么你觉得跟别人不亲近，别人也走不进你的心？可能就是你的思虑比较重，活在概念和经验的世界，没有像小孩一样自在地行动，自在地去感受别人。

活在感觉中间的，敏锐观察他人的，具有婴儿般的赤子之心的人，最受欢迎。社交上最需要这种人，随时都能突破语言壁垒和思想壁垒，说出既符合现场，又能让大家耳目一新的话。

你没有用心去感受别人，活在想法中，说什么都说得中规中矩，还没张嘴别人可能都知道你要说什么，所以在社交场合常常受到冷遇。

没有抛弃自己的想法去感受别人，我想这是你的问题所在。

B：我曾经多次不想活了，觉得自己活得很累。有很多种想法，怎么去死？有时候站在窗台真想跳下去，但是想一想，跳下去以后就什么都没有了。

王文忠：跳下去，给别人带来多少麻烦？

不过，活在思想的监狱里，缺乏对他人、对现实的感受，的确是很累的。总在思想里面打转转，很多时候生不如死。怎么办？

时刻觉察自己的身体、感觉和思想，知道人都是思想监狱的囚徒，一有想法，就要告诉自己，这个想法肯定是错的，总想着走到自己的想法之外，去看看。这可能是解决之道。

B：我觉得自己就是因为思想受限制，走不出自己幻想的世界。我需要怎么做？

王文忠：人们常说，人最大的敌人是自己。这个说法，错了。

人最大的敌人是自己的思想！除了思想，我还有身体，还有无言的感觉，还有自我心理咨询师，这些都是我的朋友，都是有生力量。我只要经常留心，把自己的思想杀死就行了。人的敌人只是人的思想，如果真的自杀了，把思想杀了，同时把身体也杀死了，感觉也没了，自我咨询师也没了，那就损失太大了。

所以，人要想活得幸福，就要突破思想，永远地突破思想。突破思想，回归自己，找到自己。关注自己的一呼一吸，关注自己的脚，关注自己的身体，热了，冷了，痒了，随时随地地观察着这些，就突破了自己的思想。

（问：就这么简单？）

就这么简单！从现在起，你就开始观察着你的脚，我在这讲话时，就观察着我的脚，观察着我的呼吸，就想着气息从脚下边呼上来，到肚脐眼儿，又从肚脐眼儿往上走，这是一种健身的方法，也是一种让人稳定的方法。

《黄帝内经》里有一段话，大意是说真人是用脚后跟呼吸的。

其实不是真的用脚后跟呼吸，而是关注呼吸，同时关注脚后跟，关注身体内外的各个部位，这样就好像有气在全身流动了。人最容易忽略自己的身体，最容易忽视脚。所以，关注呼吸，关注脚，不仅精神好，脚上的血脉也通畅了。

C：现在做女人不容易，家里家外都要张罗。对外，在工作上有一些压力，会不开心、烦躁等等，在家里也难免会有一些情绪。我不知道应该如何去处理。

王文忠：情绪问题，也是动力沟通中一个比较重要的论题。

人们往往认为情绪就是感受，动力沟通认为情绪是一种思想，是思想对感受的倾向性评价。所有的情绪都是思想的，是对无言的感受的一种评价，或积极，或消极。

情绪都是思想翻译官的语言，不要当真，一有情绪就已陷入思想的评价，就脱离对现实的感受了。但是，现在的心理学，往往把情绪当作感受处理，把情绪当真，从而成了思想的奴隶而不自知。情绪都是被思想污染过的。一有情绪，实际上就在自己的思想中画地为牢。

我举一个例子。一个刚上大学不久的孩子，由于水土不服和人际适应不良，休学了。回来之后精神更加狂躁了，因为她老觉得她妈妈在评价她，看不起她。她妈妈已经很谨小慎微了，但是随便一个眼神，孩子也会觉得妈妈在评价她，看不起她。

经过朋友的介绍，我去她家看她，发现了这个问题。我就指着她家的那只老花猫，柔声说："你这个坏蛋，浪费我们家粮食。"

猫，在我们中间静静趴着，不为所动。

这时，我就跟孩子说："你看，这只猫，为什么我骂它这么狠，它没有反应，还这么平静？因为，我的声音没有伤害到它的耳朵，我的表情也没有伤害到它的眼睛。猫没有一个思想翻译官，没有把我的话翻译成骂它的话。为什么你认为妈妈在骂你，刺激你，对你的表情不友好？那是你的翻译官在翻译！可能不是你妈妈的语言和表情，而是你的思想在判断。"

通过这次谈话，孩子平静了很多，没有过多久，孩子身体康复了，心情也平复了，顺利地回大学学习了。

四、家庭关系

A：王老师，我讲讲我和我妈的关系吧。我妈就是一个很爱斗的女人，她的成长经历很可能导致她渴望得到别人的关注，但是我和她的关系从我小学的时候就不太好。我得不到她的关注，她的关注都在工作上，我觉得我被忽视了，感觉到自己受伤，跟她关系一直不好。后来我试图跟她修复关系，但是效果都不是很好。我觉得这种关系要修复，因为它已经影响到我老公和我妈妈的关系。

王文忠：那有什么影响？

A：他对我妈就有很多意见，看不惯我妈妈。我看他这样，又觉得他对我妈妈不够好，不尊重我妈妈，我心里又不舒服。

王文忠：你都不尊重你妈妈，为什么还要自己老公尊重自己的妈妈呢？

可以尝试从这几个角度来思考。

第一，你妈年龄大了，为什么一定要让她关注你呢？她能照顾好自己，就不错了。你要想一想，你花这个精力值不值得，她可不可能改？

第二，你老公对你妈不好，可能是因为你对你妈不满，他想讨好你，也对你妈不满。

第三，你老公对你妈不好，也可能是他对你不满，通过对你妈不满来表达这种不满，其实跟你妈没关系。

A：那我要怎么做呢？我就想知道我该怎么做。

王文忠：怎么做？

就当妈妈不在身边，不会关注你。这是最好的解决问题的办法。

所以动通理论一上来就讲死亡，死亡是解决心理问题的最终法宝。不经常考虑死亡的人，解决不了心理问题。

B：老师，我问一个问题。死亡的问题。有一个人特别害怕死，整晚整晚地睡不着，他觉得这不是个心理问题，我觉得他不正常。

王文忠：这跟你有什么关系？你问别人的事干什么？

B：是至亲的人，他很害怕，晚上不敢关灯睡觉。让他做心理咨询，他又不愿意，但是长期这样下去，我觉得对他身体不好，我自己也受到困扰

王文忠：这是你老公吧？

B：对。

王文忠：怎么解决这个问题，就是要经常讨论死亡。对死亡脱敏，模拟死亡，首先是脱敏之后，再模拟死亡。首先通过语言讨论，对死亡脱敏；然后制造死亡情境，对死亡真实脱敏，这就好了。

语言脱敏是第一步，就像我们今天这样经常讨论，死就不太可怕，这问题就解决了。就是要经常讨论死亡。当死亡在念头当中经常闪现的时候，就

活得洒脱了，就无畏了。

所有的罪恶都跟怕死有关系。

（B：实际上大家都怕死，有些表现得明显，有些不明显。）

大家都怕死？不对。"小家"都怕死，"大家"不怕死，牛人都不怕死，活明白了都不怕死。因为怕死，死神才来，不怕死，死神还来得晚，比别人活得还潇洒。为什么？因为死神就是时间。

时间是什么？康德说过，时间和空间是思想的属性，没有思想就没有时间，就没有死亡。没有思想的人或动物不知道自己会死。有了思想之后才知道死亡，活在思想中才怕死。

如果你活在当下，时时处处都接触当下，就没有死亡的概念了，这就叫涅槃了。没有思想，超越思想，就是涅槃状态，到了没有语言的彼岸世界，那就没有死亡了。思想停止，回到无言的感觉状态，赤子之心的状态，就是涅槃的状态，就没有死亡这回事了。

按照佛教的说法，我们俗人都活在欲界，有许多欲望。欲望都是跟时间有关的，我希望这快乐持续的时间长，我希望这痛苦快点儿解决，这都是跟时间有关的，这就叫欲界。只要你有欲望，你就活在时间中。虽然有时间的概念，但接受死亡，随时准备死亡，清心寡欲，让欲望尽量简单，人就活得洒脱了。

如果人保持赤子之心，处在无言的感觉状态，超越了时间，这时人就进入色界天，就没有欲望了。所有东西都向着你汩汩滔滔地来了，感觉都是清澈自在的，没有匮乏。感觉永远没有匮乏，你的疼痛也是一种感觉，如果你心里不准备取消疼痛，而是接受疼痛，那么，疼痛也不会打扰人心的清净。这就是天人状态，只有感觉，只有物质，没有时间概念。

C：我说说我的毛病吧。两个毛病，一个是洁癖，一个是强迫症。比如说强迫症，就是什么东西没弄好，我就想着必须去弄好，然后这个事才能结束，如果没把它放在合适的位置上，我是坚决不会罢休的。

王文忠：那就对了。你是小学校长。小学校长要是没有洁癖和强迫症，孩子交给你，家长会不放心。

C：我觉得这是大毛病。

王文忠：对你来说是大毛病，对家长来说是福音。这样你能够保持一个卫生的环境，所有的东西都能够安排到位，孩子在那儿就可以自由地玩耍。你要一自由，老师一自由，那孩子们就倒霉了。

C：您这样一说，我感觉我的洁癖也不是什么大问题了，都成好事了？

王文忠：那当然了。你是不是想在这儿做广告？动员大家的孩子上你那儿去。

C：我在家里也这样。我女儿上高二，她是大年三十回来一进门，我就让她必须在门外收拾干净；回到家第一件事就是洗澡，洗完澡后所有的衣服都洗干净后，才能动我的东西。

再比如，我回我妈的家，也是一样的，我每次回去都给我妈带好几条毛巾，一回去肯定先在厨房忙活。我每次回去洗手都不用他们用过的毛巾擦手，我受不了，我连沾都不沾一下。

我女儿在外边哪怕只住了一晚上，哪怕前一天才洗了澡，换了干净衣服，回来之后我就必须让她从上到下，从里到外全部洗一洗，弄干净，才能够在我家任意一个地方触摸、就座、喝水等等。

王文忠：对你老公呢？

C：对他也是一样的。比如昨晚我回去，老公的朋友打电话说他们今天来我们家玩，我今早起来就把所有的东西打理了一遍。其实本不用打理，昨晚都好着呢，但是我今早来之前就要把所有的东西都检查一遍，包括卫生间的马桶。刚才老公送我来的路上，我跟他说，你就别乱抽烟，把烟灰到处弹了。他平时在家坐完沙发，沙发套还乱乱的，他就起身走了，我就要把沙发套拉平，确保时时刻刻坐上去都是舒适的。

我知道我这样子有毛病，而且感觉越来越严重了，但是我又控制不住自己，所以就感觉很累，很长一段时间心都难以平静下来，面对自己的时间很少。

王文忠：在单位，你也这么做吗？

C：每次大小检查，我都会为了卫生问题把脚跑累，想把鞋都扔出去。来检查前，我不停地督查卫生，让人屡次打扫。哪怕你现在什么都不做，就守在这儿不停地擦洗、收拾，我还是会不停地督促。所以我有时就感觉自己的强迫症和洁癖夹杂在一起。

王文忠：员工们受得了吗？

C：他们都跟了我十几年了，都知道我是这样的，只要检查的人一走，我就会轻松下来，就好了。

王文忠：跟了你十几年他们还不讨厌你？

C：我会为他们争取福利最大化，比如集团给我发100元，我可能会把80~90元发给大家。

王文忠：你是个校长？

C：嗯。

王文忠：我觉得你应该当宾馆的大堂经理。

C：我老公就说，你是一个最好的大堂经理，是最好的保洁公司的经理。

王文忠：对，就是这样，开个保洁公司，我觉得行，大家的业务肯定好。

C：但我还是觉得这是有毛病。

王文忠：不是，这是一种才能，入错行了。那你们的教学质量由谁来抓？

C：我来抓。

王文忠：那你的精力怎么用在教学质量上？

C：所以我就累呀！

王文忠：你女儿怎么看你？

C：这两年我很注意，我想让她去洗澡或是做什么，就会拐弯抹角地用各种方式方法哄骗她。

王文忠：她有意见吗？

C：有意见，但不是很大。

王文忠：没影响你们的夫妻关系？

C：督促得多了，他就回我一句话，你有病呢！就一句给我总结了，所以我知道自己有病。我也觉得自己太累了。

王文忠：这不是什么大事，反正累的是你自己。

如果你想纠正自己的洁癖，那就把最极端的肮脏意象，经常在头脑中想想，自然就脱敏了，这个事自然而然就会好了。

C：每天多想想这些画面，强制性地去想。

王文忠：别真的想上瘾了，主动去到肮脏地方找事。如果出了问题，责任自己承担呀。我们都知道吸引力法则，你老想着这个事，真的吸引来了怎么办？药方我开了，吃不吃你自己负责。

C：我得把握度，不要从这个极端走向另一个极端。

王文忠：说起吸引力法则，我想问大家，经常想死亡，是不是就真的会吸引来死亡？

说说我自己吧。我起床比较早，一般早上5点多就去上一次早班，去办公室上网。走在空空荡荡的大楼里，乘电梯上楼的时候，我就会想电梯忽然间掉下来我就被摔死了；有时电梯门打开，忽然间有一把刀出现把我给砍死……最早我觉得会心惊，后来就越来越平淡了。

这种想法，的确吸引来了死亡！就是每时每刻思想的更新，思想时时在死，时时在更新，吸引来死亡的同时，吸引来了新生。每一次死亡都是一种新生。

D：王老师，您好，我有一个朋友，她妈妈在她出生不久就抛弃她走了，她爸爸将她带大的，但是她爸又给她找了后妈，后妈对她也不是很友好。长大后，她谈过很多男朋友，最后都没有结婚。后来她跟我说，她跟人没法建立亲密关系……

她去找心理咨询师，做了好几年咨询。她说她现在能正视自己的很多的问题，能接纳自己的不好。

但是，她觉得跟她现在的心理咨询师遇到了一个瓶颈，总感觉需要突破，但是没有找到突破口。运用动通理论，是否能够帮助她突破瓶颈期，正常地去结婚、生子呢？

王文忠：职业的心理咨询关系，有时候是会伤害人的。因为职业心理帮助，有时会强化来访者被帮助的弱小的形象；你的朋友本来就是长期被抛弃、相对自卑的。经常去做咨询，如果咨询师没有反观的目光，经常以助人者的形象出现，而从来没有感恩来访者这么多年对咨询师的陪伴和滋养，那就会出问题。无论是从经济上，还是心理上，来访者都是滋养心理咨询师的。如果咨询师没有对这层含义的觉察，没有对来访者的感谢，那么到最后咨询关系就是一种伤害。

D：对。我的这位朋友跟我说过一个细节。她说，咨询师的办公室开门要按门铃，听到门铃后咨询师来开门。她每次按铃后需要等几分钟才能开门。有的时候，等的时间太长，她就去旁边的卫生间，但是这个咨询师可能开门一看，没有人，就又关上门了。她为这件事和咨询师吵了一架。她说："我等你就可以，你就不能去等我，而且你让我等了这么多次，你不尊重我。"可能吵了一架，这个咨询师才意识到自己没有充分尊重来访者。

王文忠：咨询师要承认，来访者与咨询师是共同成长的！这种共同成长，是需要咨询师感恩的。

荣格认为，两颗心灵的相遇是一种化学反应，如果一方改变的话，那另一方就必然发生了改变。咨询师要承认自己被来访者滋养和改变了，这时候咨询关系才能够加深，并且能够好合好散；否则，总是以职业的面貌出现，到最后，必然造成互相伤害。你是收了人家钱的，别人是来求助的，那往往是对交钱的人伤害更大。

我讲一个朋友的朋友的故事吧。几年前，我一个朋友的朋友，丈夫自杀了。她特别抑郁、难受，听朋友说我是做心理方面研究的，约了我去聊聊。我们在一个茶楼见面，往那儿一坐，她正要说她的事，我没等她说话，就开始讲我工作上的难处，那时，我在四川做危机干预工作，要带领很多志愿者做服务，工作开展得很不容易。我就开始分享，同事的人际关系怎么难处，如何如何艰难。我说完之后，我的这个朋友的朋友马上就兴奋了，说："你还搞心理危机干预呢，这事你都搞不赢。"然后她就开始讲怎么协调同事关系等等。那天，朋友请我们喝茶，但是朋友的朋友给我搞了一场管理咨询，本来是对她进行危机干预，结果她对我进行了管理咨询，并且我们分开的时候，她感觉特别好。

说这个故事，我是想说明：真的要帮助人，既不图别人的钱，也不想建立自己的职业形象的话，助人者就要适当地示弱；助人者示弱的同时，被助者自身就得到滋养了。

这位朋友的朋友本来就是一位能干的领导干部，暂时处于危机之中，如果我真的居高临下地给她指导，反而对她是一个打击。我就讲讲我的麻烦事，听听这位领导的管理经验，讲完了，我受益，她也高兴了。

因此，你的朋友，可以说是遇见了一个不示弱、不感恩的心理咨询师！那么，最后咨询关系变成伤害，也是很有可能的。

延伸阅读

家庭教育从哪里开始？

望子成龙，望女成凤，每个家长都爱自己的孩子，每个家长都尽心尽力让自己的孩子健康成长。但是，家长在爱孩子、教育孩子的时候，往往存在一个重大误区：那就是教育者或家长说得多、听得少。

为了说明这个问题，我们想先问各位家长两个小问题：如果把你常看的报纸比作一个孩子，那么她的父母是谁呢？如果把CCTV的电视节目比作一个孩子，她的父母又是谁呢？

有的家长可能想当然地回答，报纸的父母，肯定是报社的工作人员，CCTV的电视节目的父母肯定是电视台的导演、主播、主持人等。

其实，这种说法是错误的。报社的工作人员、电视台的导演、主播、主持人只是报纸和CCTV的电视节目的头脑、口舌和身体，报纸以及CCTV的电视节目的真正父母是报纸的读者和电视节目的观众们（你就是其中之一）。

正是因为你的关注、你的阅读，才使得报纸茁壮成长，才使得CCTV茁壮成长！如果所有的读者都抛弃了报纸，所有的观众都不看CCTV的节目，无论是报纸，或者CCTV的节目，都会死掉！

注意力是最大的财富，当你把温暖的注意投向谁，就是把财富给了谁。我们都看CCTV，CCTV成了中国乃至全世界最有影响力的电视台！我们都看某个报纸，某个报纸就会充满活力和希望！

所以，爱和教育，是从关注和倾听开始的！谁的表演和表达有人看、有人听，谁就会成长，谁就会进步！孩子们正肩负着你们和社会的希望、他们自己的希望，面对着现实生活中的重重困难，艰难而勇敢地走自己的路。孩子是演员，家长是观众！他们可能演得不好，但请家长稍安勿躁！因为只有在不断的练习中他们的演技才能提高！请家长尽量少说，多看，多听。

谁在听，谁会听，谁就有智慧。聪明的父母会听，他们愿意了解孩子。谁的话有人听，谁有人关心，谁就能长智慧。想让孩子长智慧，就多听听他们的心声，多了解他们。

天下所有的父母都爱自己的孩子，但是，在父母想要教育孩子的时候，往往是父母在滔滔不绝地说，孩子在耷拉着脑袋听……在这种情景下，如果这孩子真的听了父母的话，那只能说明孩子在爱父母、在了解父母，绝不能说父母在了解孩子、"教育"孩子、爱孩子。

如果父母与孩子相处时，总是父母讲、孩子听，那么在孩子内心可能有这样的心理活动，其一是自卑，其二是逆反。

自卑的孩子可能会想：跟聪明的父母相比，我真是个笨蛋，一无是处。无论怎么努力，我都不会让父母满意。要是爸妈不管我了，我可怎么办呀？

正常的孩子可能会逆反，他们可能会这样想：今天爸爸（妈妈）怎么会说个不停呢？他（她）今天怎么会这么让人烦呢？他（她）是不是有什么不顺心的事？今天先忍着吧。我会等着看他（她）明天的表现。无论如何不要惹我老爹（老妈）。

可敬的父母们，我们每天都能抽出时间来看报纸、电视这些并不最亲近的孩子，因此我们更应该抽出更多的时间和精力去倾听自己真正的孩子的心声，把我们温暖注意的这种宝贵的财富，赋予孩子们！

爱孩子，教育孩子，必须从倾听开始。如果孩子心目中有一些困扰能够向爱自己的人说出来，通常问题就解决了一半。对孩子来说，随时有人倾听自己、关注自己，这是一种最大的心理上的支持；把自己心中的烦恼表达出来并且确知不会得到嘲笑，这更是对问题的一种再认和净化。孩子心中的烦恼就像一场暴雨后的水库，父母的倾听就像是打开了一道闸门，让孩子心中的洪水缓缓流进父母宽阔的胸膛。孩子的心灵像一个脆弱的小水库，烦恼就像暴风雨，淤积的多了，就需要排泄和疏导。如果得不到发泄和疏通，这个还不坚固的小水库有朝一日就要决堤。

当然，倾听孩子的谈话也是一门艺术，也是有技巧的。

首先，应当注意自己的表情和动作。由于孩子往往个头较低，父母应当蹲下来或坐下来，面对着自己的孩子，身体微向前倾（所谓倾听，可能就来源与此），表情应当平静、柔和，眼睛平视着他。

其次，在孩子说话的过程中，自己不要插话。父母应通过点头、微笑或者用"噢""哦"表明自己对孩子说的话很感兴趣。如果孩子停了来，父母可以用一些引导性的句子如"请你继续说""你的意思是……"等，引导孩子继续说下去。

再次，如果孩子在诉说时有不清楚的地方，可以让孩子举一些例子。孩子可能说"老师们都不喜欢我……"父母可以很平静地接着说"你怎么知道的"、"比方说……"或"你可不可以举几个例子"等，让孩子说得更清楚、更具体一些。

此外，倾听最重要的技巧或者说本质是设身处地地为孩子着想，尊重孩子，只有这样才能倾听孩子说话，不会随意打断或者武断地得出结论。例如，孩子放学回家，怯生生地对父母说："妈（爸），今天老师批评我了，老师让你明天去学校一下。"这时孩子最需要的是安慰和支持。而这种情况下大多数的父母反应是："你又给我闯什么祸了?!"这种反应就是武断地下结论，给孩子的感受是拒绝和指责。久而久之，孩子再有什么事情发生，也不愿让父母知道了，父母和孩子之间的隔阂也就会越来越大。

最后，倾听之后，了解了孩子的心事，更重要的就是和孩子一起探讨解决问题的方法。这时千万不能讥讽孩子无知和瞎想，否则孩子今后就再也不敢跟父母交心了。父母可通过一些引导句子如"你打算怎么解决这个问题?""咱们一起想想有没有什么法子?"等,来引导孩子自己动脑筋解决自己的问题。

所以,我们说,教育,爱,首先从倾听开始。倾听关注孩子,是父母智慧的标志。孩子的话有父母倾听、孩子的表现有父母关注,是孩子幸福的保证,是孩子成长的根基!

谁是老大?

谁是老大?谁该在家中发号施令?这些问题听起来就觉得陈腐,让人联想到"一言堂""办事不合理""不民主"等。这时,许多年轻父母回想起自己小时候在家中受到的严厉惩罚,以及自己当时的委屈和挫折感,所以给出的答案是非常肯定的——父母和孩子是平等的朋友关系,家中的事应共同决定。

如果你是这样想的,那么请你设想如下情况:家中来了重要客人,但你5岁的孩子却哭着闹着不让你得到安宁,你怎么办?夜里11点了,你8岁的孩子却还要坚持看电视,你怎么办?该上学了,你15岁的孩子却和一帮孩子在家里打牌,你怎么办?

自己当孩子时受到的粗暴对待至今让你记忆犹新,你想严厉地管教他,但又怕伤了他,于是你温和地劝他,可是没有效,这时你不知道怎么办才好,由于怕犯错误,你放弃了,不跟他发生直接冲突,你希望他自己领悟自己的错误,对自己的行为负责,慢慢地学会好的行为。

后来,你可能会发现,5岁的孩子成了小皇帝,凡事都要按他的意愿才行,否则就要大哭大闹,也可能发现8岁或15岁的孩子更经常地逃学,甚至还养成了偷窃的毛病。

你伤心欲绝,扪心自问:"老天哪,我做错了什么,我避免了我父辈的粗暴,我充满了耐心,我按书上告诉我的方法来教孩子,可为什么结果会是这样?"

第八章
家庭教育对话

为什么？

因为你放弃了做父母的责任，因为当了父母，你就不能犹豫不决，三心二意，你必须快刀斩乱麻，果断地做出决定，你必须为自己、为别人的行为负责。这个"别人"，不是别人，正是你年幼的还不成熟的儿女。

我们试想孩子来到这个世上，他们是多么的无知和幼小，周围有多少事需要他们去学习、去了解，有多少事需要他们去适应、去同化。正像我们只身来到一个遥远的陌生神秘的地方，有荒凉的沙漠，有没顶的沼泽，有我们一无所知的原始部落，甚至还有到处出没的狼群。我们多么希望向导给我们指点迷津，然而向导由于心虚，却借口让我们自己去探索，这是一种多么可怕绝望的景象呀！也许我们最终找到了出路，然而更有大部分人会在沙漠中迷失了方向，或陷入了没顶的沼泽，或为狼群所吞噬，再也走不出来了。

在家庭中，父母就是老大！家长就是司令官！作为父母，你必须发号施令。生活中有很多很多"必须"，你必须让孩子知道。如果你不能填平湖海，就必须禁止孩子随便跳入；如果你不能让所有的汽车停开，就必须让孩子当心汽车；如果你不能杜绝所有客人的到来，就应当告诉孩子适当的礼貌。

作为父母，想教导孩子如何度过充实幸福的人生，就必须发号施令。当然发号施令也是有原则和技巧的。

发号施令的技巧1：倾听。首先应当了解孩子，了解情况。这就是上一篇文章中所说的倾听的功夫。只有有了这样的基础，才能减少冲突；并且真正冲突来临的时候，你也有了快刀斩乱麻的根据而不至于心虚。

发号施令的技巧2：出于公心。发号施令必须出于公心。生活中可能有这样的场面，有一天父母想看球赛，不想让孩子看《米老鼠和唐老鸭》，或者上班时心情很烦躁，回家后不想让孩子打扰，于是您可能不加解释而对孩子发号施令："你必须到你的小屋做功课，不许看电视。"这样的命令在孩子心目中有什么效果呢？只能让孩子觉得父母自私又武断，降低了家长的威信。

发号施令的技巧3：以身作则。发号施令必须以身作则。命令不仅仅是针对孩子的，同时也是针对父母的。试想一个打麻将上瘾的父亲或母亲命令孩子不许玩牌会有什么效果？俗话说"近朱者赤，近墨者黑"，只有自己对命令身体力行，孩子才能更自觉地接受。

发号施令的技巧4：少而精。谁也不喜欢经常有人在旁边唠叨，孩子们也一样。发号施令只应该出现在最需要的时候。

一是当孩子有迫在眉睫的危险时。例如决不能让6岁的小孩在车流量很大的马路上玩。

二是当损害他人利益、冒犯他人尊严时。例如家长决不能让孩子向别人吐口水、扔石头，也不能容忍孩子在商店乱扔商品、推倒柜台。在这类情况下，必须采用即时而干脆的措施停止孩子的行动，可以过一会儿再讲道理。

三是当未来注定会出现不可挽回的坏结果时。例如家长不能任由孩子偏食、挑食，也不能容忍孩子懒惰不干分内的活儿。当然偶尔一次的挑食或者偷懒，并不是大问题，但是长期如此就会成为问题。对这种问题，最有效的教育方法是制定规则，分清什么是分内、什么是分外，什么是必须做的，并且家长要以身作则，而不是暴跳如雷。

四是当孩子年龄还小，还不能防止不好的自然结果时。例如，3岁的孩子还可能想不到冬天外出要穿厚衣服，当他不想穿时，要强迫他穿上。

其他可管可不管的事，或者自己都做不到的事，就别要求孩子了。如果父母能够这样发号施灵，你就会得到一个负责、善良的好孩子！

附录一　自我修炼的实用技术

附录一

自我修炼的实用技术

一、"美人技术"（BEAUTY）

（一）准备

1. 准备一个手机、计时器或闹钟，放在手边。

2. 在你现在最方便的地方（办公室、卧室、客厅等），找一个最经常、最轻松的姿势（坐在椅子上、躺在床上、躺在沙发上、盘坐在坐垫上等），躺好或坐好（要准备10分钟一动不动）。

3. 把时间定为11分钟。

4. 在闹钟响起之前，身体、四肢、头部、嘴巴、脸颊、下巴都不要动。

5. 眼睛可睁开，也可微闭。实在感到喉头有下咽的愿望，可以在喉头做吞咽动作。

（二）"美人技术"开始

B：存在。均匀舒缓地呼吸，吸的时候数1，呼的时候数2……一直数到20（当然，也可以不数数，只是关注空气进出鼻孔的感觉）。

说明：第一，专注于体验呼吸时呼吸道（主要是鼻孔部位）的感觉，把这20下呼吸当成自己的全部，好像除了呼吸，什么都没有了；第二，一旦走神，不要指责自己，不要后悔，感谢自己发现自己走神了，接着继续数呼吸；第三，如果感到没有安静下来，或者有继续数呼吸的愿望，可以再数1~2个1~20的轮回；第四，身体、生命丧失了实在性，唯有缥缈的、断续的呼吸是注意的中心。这种心态与存在主义的生命观有一定的相似之处。

E：体验。在 B 部分，专注于体验呼吸时呼吸道的感觉，现在，什么出现在自己的脑海里，什么感觉出现在自己的身体上就体验什么。不要评价，一切围绕着呼吸，在保持对呼吸觉察的同时，静静地观察体内、体外出现的任何唤起自己的感觉的刺激。

A：行动。10 分钟美人技术中的"行动"，就是"不动"，如果你睁着眼，除了自然眨眼之外，眼帘、眼球、眼部肌肉都不动。如果你实在要吞咽唾液，就缓缓地吞咽；除此之外什么都不做，这里的行动就是不行动，保持着自然的呼吸和对自己呼吸的清醒的觉察。例如，固定电话、手机响了，一边觉察自己的呼吸，一边静静地听着铃声，不要接，同时关注着自己内心升起什么样的感觉。又如，孩子或爱人到你身边（当然最好事先告诉他们，或者找一个相对安静的时间和地点），一边觉察自己的呼吸，一边睁着眼睛看着他们，不要动，同时关注着自己内心升起什么感觉。例如，脸上、腹部、后背、腿上可能忽然痒了起来，不要动，一边关注着呼吸，一边审察痒的感觉。

U：理解。理解自己的任何想法和情感。被外部刺激吸引，走神了，原谅自己的走神，感谢自己，回过神来，继续觉察自己的呼吸；无聊了，原谅自己的无聊感，然后继续觉察自己的呼吸；责备自己了，感谢自己对责备的觉察，然后继续关注自己的呼吸。一切围绕着对呼吸的觉察，同时保持对体内和体外其他事情的敏感，一旦走神了，理解自己，马上回来，围绕对呼吸的注意，关注体内、体外的一切。

T：目标。这里的目标，就是没有任何目标。或者说，除了保持对呼吸的觉察，同时对体内、体外的一切刺激保持敏感，争取不在任何一秒中失去对于呼吸的觉察之外，没有任何目标。不要去想时间到了没有，不过，想了也没有关系，理解自己，然后继续回到对呼吸的觉察上，对体内、体外刺激的觉察上。

Y：肯定。10 分钟到了，铃声响起，慢慢地揉揉自己的手和脸，起身，给自己一个微笑，给自己一个温柔的肯定。

（三）效果

每天 10 分钟"美人"练习，你将越来越美丽，越来越安详，越来越能觉察自己内部的欲望、需要、情感与冲突，也越来越能觉察周围他人的欲望、需要、情感与冲突，越来越能成功地进行动力沟通。

（四）美人技术说明

B（Being）：存在主义的人生态度。

E（Experience）：重视体验，鲜活的体验是一切智慧的基础。

A（Act）：行动是幸福的源泉。

U（Understanding）：理解，与他人心灵的共鸣是成长的阶梯。

T（Target）：目标是人的理智及社会性的综合体现。

Y（Yes）：肯定自己，肯定他人，自我和谐，社会和谐。

二、"康德技术"

（一）准备（同"美人技术"）

1. 准备一个手机、计时器或闹钟，放在手边。

2. 在你现在最方便的地方（办公室、卧室、客厅等），找一个最经常、最轻松的姿势（坐在椅子上、躺在床上、躺在沙发上、盘坐在坐垫上等），躺好或坐好（要准备 10 分钟一动不动）。

3. 把时间定为 11 分钟。

4. 在闹钟响起之前，身体、四肢、头部、嘴巴、脸颊、下巴都不要动。

5. 眼睛可睁开，也可微闭。实在感到喉头有下咽的愿望可以在喉头做吞咽动作。

（二）做"康德技术"

1. 密切地关注自己的呼吸（可以不用数数），让自己呼吸自然而流畅，最好不要急促、带着"呼呼"的声响,也不要过于缓慢,让自己觉得压抑。

2. 一边关注呼吸,一边想。

第一,我在哪里?我在椅子上?我在床上?我在坐垫上?我在家里?我在办公室?我在×××县?我在×××省?我在中国?我在这个星球上?我在这个星球的哪里?这个无限深远沿着长宽高展开的三维世界在哪里?是不是在我的心里?

第二,我的过去是什么?我的未来是什么?昨天在哪里?前天在哪里?一个星期前在哪里?一个月前在哪里?一年前在哪里?五年前在哪里?十年前在哪里?上学时在哪里?出生时在哪里?出生前在哪里?明天在哪里?后天在哪里?一个星期后在哪里?一个月后在哪里?一年后在哪里?五年后在哪里?十年后在哪里?二十年后在哪里?三十年后在哪里?死后在哪里?现在在哪里?过去是不是在我的记忆里?未来是不是在我的想象(对记忆痕迹的加工)里?现在在哪里?现在是不是在我的体验里?

再强调一下,一定要一边想,一边关注自己的呼吸。就是走了神,也要接受自己,感恩自己发现自己走神了(如"美人技术"中的"理解"所强调的),然后继续思考空间或时间的问题……

10分钟到了,铃声响起,慢慢地揉揉自己的手和脸,起身,给自己一个微笑,给自己一个温柔的肯定。

(三)效果

每天10分钟"康德技术"练习,你将越来越沉静,越来越有智慧,思维越来越有条理,心境越来越空灵,越来越能成功地对自己、对他人进行动力沟通。

三、"马克思技术"

(一)10分钟做"马克思技术"

1. 准备(同"美人技术")

(1)准备一个手机、计时器或闹钟,放在手边。

（2）在你现在最方便的地方（办公室、卧室、客厅等），找一个最经常、最轻松的姿势（坐在椅子上、躺在床上、躺在沙发上、盘坐在坐垫上等），躺好或坐好（要准备 10 分钟一动不动）。

（3）把时间定为 11 分钟。

（4）在闹钟响起之前，身体、四肢、头部、嘴巴、脸颊、下巴都不要动。

（5）眼睛可睁开，也可微闭。实在感到喉头有下咽的愿望可以在喉头做吞咽动作。

2. 做"马克思技术"

（1）密切地关注自己的呼吸（可以不用数数），让自己呼吸自然而流畅，最好不要急促、带着"呼呼"的声响，也不要过于缓慢，让自己觉得压抑。

（2）一边关注呼吸，一边随机选取自己身边的一个物体（如手机、衣服、袜子、书本、桌子、椅子、零食、茶杯，甚至自己的身体）进行想象。

这个东西我是从哪里得来的？它和谁的劳动相关？这个劳动者的生存以及使用的工具，又和谁的劳动相关？想象这些劳动者劳动的场景。

（最终会联想到一切：不计报酬的家人、医生、护士、农民、厨师、裁缝、教师、钢铁工人、石油工人、采矿工人、警察、军人、消防队员、保洁人员、管理人员、脑力劳动者等等）

（3）再强调一下，一定要一边想，一边关注自己的呼吸。就是走了神，也要接受自己，感恩自己发现自己走神了（如"美人技术"中的"理解"所强调的），然后继续想象这些熟悉的或素不相识的、默默奉献的劳动者和他们劳动的场景……

（4）10 分钟到了，铃声响起，慢慢地揉揉自己的手和脸，起身，给自己一个微笑，给自己一个温柔的肯定，然后再向想到的这无数默默奉献的劳动者致敬，在心中默默想象自己向他们虔诚地鞠躬致意的样子。

3. **效果**

每天 10 分钟"做马克思"练习，你将对他人的奉献和服务越来越敏感，对自己和他人越来越友好、慈悲，越来越能成功地对自己、对他人进行动力沟通。

（二）10 分钟做"恩格斯技术"

1. 准备（同"美人技术"）

（1）准备一个手机、计时器或闹钟，放在手边。

（2）在你现在最方便的地方（办公室、卧室、客厅等），找一个最经常、最轻松的姿势（坐在椅子上、躺在床上、躺在沙发上、盘坐在坐垫上等），躺好或坐好（要准备 10 分钟一动不动）。

（3）把时间定为 11 分钟。

（4）在闹钟响起之前，身体、四肢、头部、嘴巴、脸颊、下巴都不要动。

（5）眼睛可睁开，也可微闭。实在感到喉头有下咽的愿望可以在喉头做吞咽动作。

2. 做"恩格斯技术"

（1）密切地关注自己的呼吸（可以不用数数），让自己呼吸自然而流畅，最好不要急促、带着"呼呼"的声响，也不要过于缓慢，让自己觉得压抑。

（2）一边关注呼吸，一边开始设想所有人类的劳动（包括家务劳动）都停止了的场景。

（家人、医生、护士、农民、厨师、裁缝、教师、钢铁工人、石油工人、采矿工人、警察、军人、消防队员、保洁人员、管理人员、脑力劳动者等等，所有的劳动，都停止了……）

水电停了；

马桶里的大便堆积成山、臊臭刺鼻；

伤员的伤口血流不止，慢慢昏迷；

大火蔓延着吞噬了村庄和城市；

强盗横行，杀人、抢劫、强奸；

满街到处都是垃圾；

空荡荡的教室；

庄稼在地里枯萎；

老鼠、蟑螂、蚊虫肆虐；

动物园和野地里的毒蛇、野兽在街道、客厅和卧室内乱窜；

……

（你可能会发现，只有脑力劳动者停止劳动，对生活的直接影响，似乎是最小的……）

（3）再强调一下，一定要一边想，一边关注自己的呼吸。就是走了神，也要接受自己，感恩自己发现自己走神了（如"美人技术"中的"理解"所强调的）。

（4）10分钟到了，铃声响起，慢慢地揉揉自己的手和脸，起身，给自己一个微笑，给自己一个温柔的肯定，然后再向想到的这无数默默奉献的劳动者致敬，在心中默默想象自己向他们虔诚地鞠躬致意的样子。

四、孔子技术

（一）说明

各位，如果大家认真追踪了我们前面介绍的3项技术——"美人技术"（BEAUTY）、"康德技术"和"马克思技术"，可能就会发现，在"10分钟'做×××'"这一系列技术中，"美人技术"（BEAUTY）是个"母技术"。按照这个"母技术"的框架，派生出了其他技术。这么安排的原理和原因是什么呢？主要有以下一个原理（第一）和三方面的原因（第二、第三、第四）。

第一，"美人技术"（BEAUTY）是个综合性技术，它强调了"存在"（觉察和接受痛苦和荒谬）、"体验"（非评价）、"行动"（与现实发生关联并产生影响）、"理解"、"目标"（作为一个必然要死的人生的阶段性安排）和"肯定"（赞赏自己和周围的一切）。若经常按照这六个维度进行修炼，人的面容和心灵就会越来越美丽，与周围的人、事和环境就会越来越协调，越来越有创造性。下面的技术都是在此基础上，逐步具体化、逐步生活化的过程。

第二，"10分钟做美人"，试图通过10分钟纯粹的觉察和体验，创造一种宁静的、空灵的、充实的"轻安"感：自我、心灵、大脑、身体、觉性（反审认知、慧眼、慈心等称呼）以及外界产生了丰盈祥和的关联。

第三，"10分钟做康德"，试图通过10分钟的自然放松的关于时空的自我对话，打破我们给自己心灵加上的"时空"界限，在短暂的期间内进入精神上的自由王国。

但是由于人们已经习惯了在限制中生活，忽然间自己（的心）充塞了宇宙，反而会升起"恐惧""荒谬""不可思议"感。

第四，有了内心的空灵，我们就要与现实建立联系。对于人类生存、社会发展和文明进步、科技创新贡献最大的就是全体的"劳动"和"劳动者"。因此，我们又设计了"10分钟做马克思"和"10分钟做恩格斯"，分别从"劳动的丰盈"与"停止劳动后的毁灭"两个角度，冥想了劳动及劳动者与我们的密切关联。其目的是培养一种实在感和感恩意识：对身边人的服务的感恩，对素不相识的陌生人的感恩。

现在，我们建立了自我（五要素组成的金刚石的四面体结构）与环境的协调关系（美人），打破了心灵的时空限制（康德），与现实的人民与劳动建立了深厚的心理连接（马克思），那么，该干什么了呢？该与身边的人建立和谐关系了。所以孔子该出场了。让我们来体验孔子的这句名言：

以直报怨，以德报德。

在此可以把这句话理解为：如果我怨恨谁（谁做了对不起我的事），我就把他当一个一般的陌生人，或者见过面但没有交往的熟人好了，就像你们之间什么都没有发生过，该怎么办就怎么办（不用为他付出特别的努力，但是，也不用去费力不讨好地在事后报复他，一切按照规矩来。当然，在受到伤害的当下，正当防卫和必要的反击是自然的。事后，就把伤害过你的人，当个一般人或陌生人吧）。谁对我好，我就要真心付出努力对对方好（要符合对方的要求与标准，符合社会的传统、遵从自己的良心，而不仅仅是自己认为好就好）。

附录一
自我修炼的实用技术

（二）10分钟"做孔子"的流程与理想效果

1. 准备（同"美人技术"）

（1）准备一个手机、计时器或闹钟，放在手边。

（2）在你现在最方便的地方（办公室、卧室、客厅等），找一个最经常、最轻松的姿势（坐在椅子上、躺在床上、躺在沙发上、盘坐在坐垫上等），躺好或坐好（要准备10分钟一动不动）。

（3）把时间定为11分钟。

（4）在闹钟响起之前，身体、四肢、头部、嘴巴、脸颊、下巴都不要动。

（5）眼睛可睁开，也可微闭。实在感到喉头有下咽的愿望可以在喉头做吞咽动作。

2. "做孔子"

（1）密切地关注自己的呼吸（可以不用数数），让自己呼吸自然而流畅，最好不要急促、带着"呼呼"的声响，也不要过于缓慢，让自己觉得压抑。

（2）一边关注呼吸，一边反思与自己有关系的人。

从情感（无论积极还是消极）最强烈的人开始。

我对这个人（积极）的情感强度如何？这种情感对我的生活产生了影响没有？产生了什么影响？产生这种情感的原因是什么？他为我做出了什么样的努力？他克服了怎样的困难？他在为我做这件事时，他本来可以干些什么？我该怎样为他付出努力？我怎么知道他需要我的这种努力？我的这种努力会不会伤害到他什么？我要怎么做才更妥帖？

由于这中间有强烈的情感，可能有时会忘了呼吸，没关系，一旦发现自己忘了呼吸，立即感恩自己的觉察，再回到对呼吸的关注上。同时思考，刚才想到这里，忘了对呼吸的关注，这说明了什么？我为什么这时不能一心二用了（一边关注呼吸，一边想这个恩人）？想出原因后，再自然地回到这个人身上或其他人身上。

我对这个人（消极）的情感强度如何？这种情感对我的生活产生了影响没有？产生了什么影响？产生这种情感的原因是什么？他做了什么事伤害了

169

我？他为什么让我感到了伤害？伤害我，他得到了什么好处？他得到了什么坏处？如果不是他对我做这件（些）事，而是我的一个关系一般的同事（同学），甚至是一个陌生人做这件（些）事，我可能会怎么想？这个陌生人或同事会怎么想？现在伤害发生在我身上，我要怎么样才能不再让那个过去的伤害（关于伤害的记忆）影响到我？如果我再见到他，能否也一心二用？也就是说，在与伤害记忆共存的基础上，不产生情感体验，像陌生人一样，或者像对待一般熟人一样，跟他交往？或者，由于记忆产生了消极的情感体验，但是自己一边数着呼吸，一边跟他说话或共事？

（如果一块石头绊倒了我，我肯定也难受，但是不会去踢它。再次见到这块石头，可能也会难受。这块石头它为什么会出现在那里来绊倒我呢？让我看见它就难受，对它有什么好处呢？对我有什么好处呢？这块石头提醒了我，要小心。我要感谢这块石头，但是，我不用为它提供服务，不用把它放到家里供起来，也没有必要一见它就踢它吧。不过，石头不会报复，想踢它，只要我不怕疼，还是可以踢它的。）

如果我不控制自己，按照自己的心情去报复他，可能会产生什么积极效果？可能会产生什么消极效果？如果我把自己今后的生命交付给他，跟他发生亲密的连接，我是否乐意？

啊？乐意？为什么？

啊？不乐意？为什么？

不管是乐意还是不乐意，我该怎么面对现在的他呢？他在我的记忆里是消极的、负面的。

如果是康德，他会怎么做？

如果是×××（自己熟悉的各种人），他会怎么做？

如果是孔子，他会怎么做？

以直报怨，以德报德。

（3）再强调一下，一定要一边想，一边关注自己的呼吸。就是走了神，也要接受自己，感恩自己发现自己走神了（如"美人技术"中的"理解"所强调的），分析一下为什么会走神，然后自然地继续原先的思考……

（4）10分钟到了，铃声响起，慢慢地揉揉自己的手和脸，起身，给自己一个微笑，给自己一个温柔的肯定，然后在内心想象这样的场景：向想到的恩人致敬（行注目礼，默默地、充满爱意地看着他，不要打扰他）；向想到的怨恨的人，礼貌地表示感谢，感谢他增加了自己对世界复杂性的理解，正是因为世界复杂，自己原先才看得不清楚，现在自己又看清楚一点儿了，原来的伤害促进了成长，对于这个成长的自己来说，一切都像没有发生一样，从头开始。

3. **效果**

每天10分钟"做孔子"练习，你将建立一个和谐的心理空间，并逐渐辐射开来，建立一个现实的人际交往空间。找到适合自己的朋友，并与越来越多的人建立良性的互动关系，越来越能成功地对自己、对他人进行动力沟通。

五、呼吸技术（BREATHE）

咨询师90%以上的工作是倾听和关注来访者。但是，如何保持咨询师对这个不付费的天天赖着自己的来访者（自己本身），保持密切的关注呢？这里提供一个技巧：呼吸（对应"BREATHE"的7个英文字母）。

（一）呼吸（Breathe）

呼吸是人体与外界能量和信息交换的最经常、最容易被觉察的形式。关注了呼吸，等于链接了自己与宇宙。

把注意放在呼吸上，就等于为"心"这只疯狂的大象或好动的猴子，找到一颗大树，把它拴在那里，就等待着随后的教化了。

（二）重复（Repeat）

我们总是会走神，总是会被外在世界的刺激所吸引，被内心的焦虑、恐惧、兴奋或冲动所扰动。没有关系，跑了，发现自己的心（注意力）跑了，再拉回来，重新拴在呼吸这根"柱子"上。

(三) 放松 (Easy)

好不容易要关注自己了，结果发现：

关注自己是那么无聊，因此很恼火。

自己的内心世界是这么烦乱甚至黑暗，因此很痛苦。

关注了呼吸，发现时间是这么的难熬，因此很焦虑。

关注了呼吸，发现忽然身体上有很多地方不舒服，如皮肤的痒点、心脏的悸动、胃部的隐痛、臀部的麻木等等，因此很不舒服。

……

面对这些，我们要知道，这都很正常，保持放松，最后它们这些"不请自来的客人"都会离你而去。其实，它们原来就在那里，只是我们不知道而已（我们被外界和内心的波澜所迷惑了）。

(四) 浩然之气 (A)

我是世间独一无二的咨询师，我是24小时不间断工作的咨询师，我是全场景工作的咨询师，客户上厕所、谈恋爱等等私密的场景都让我关注和审视，这样的信任哪里去找。遇到这种无条件的信任，我只能如孟子所说，争取做到"吾知言，吾善养吾浩然之气"，做到"富贵不能淫，贫贱不能移，威武不能屈，此之谓大丈夫"。

(五) 教学 (Teach)

这个来访者跟我是一体的，虽然对其他来访者我不能把我认为适合的价值观强加给他们，但是，对这个终身伴随我的来访者，我必须这么做。但是，要研究教学的方法，做到"有教无类"，做到"因材施教"，做到"现场教学"，做到"教学相长"，并且最好采用启发式教学，创造或引导出一些场景，让来访者自己去总结。

（六）健康（Health）

我必须保持我的心态的健康。我作为反审认知，必须保持健康的心态，不被客户纠缠，永远要做个"温和清醒的局外人"，我要保证我的客户的健康，身体的健康，心理的健康。

（七）眼睛（慧眼、觉醒）（Eye）

我就好像是观音菩萨额头上那一只永远不会闭上的眼睛，用温柔、慈悲、智慧的眼光关照着自己。

它永远正面地面对来谈者，表示一种参与的态度，即我想帮助你，我乐于与你同在。

它永远不带着审判的眼光看待来访者，而是采用一种开放的态度，鼓励来访者自然、自主、自在地行动。

它永远保有一种光明正大的、稳定的姿态，从不偷窥和刺探，它只是默默地看着，不提问题。

如果你能够在做自己的心理咨询师时，做到"BREATHE"（一般时间可设定为15分钟），关注呼吸，重复地关注呼吸，保持放松，培养浩然之气，做一个启发式的好老师，保持健康的心态，同时像眼睛一样存在，那么你的自我就有福了，你身边的人也就有福了。

祝贺你！

附录二 为什么推荐动力沟通?

附录二 为什么推荐动力沟通？

认识你自己，这个亘古常新的哲学命题，在漫长的人类思想史中有过无数篇文章进行过非常激烈的讨论和精彩的论述。17 世纪法国哲学家笛卡尔说，"我思故我在"，正在思考着的我，这种思考的体验，给作为人的自我，提供了一个稳定的支点。

这种将自我等同于自我意识、自我概念的自我观一直延续到现在仍在发挥作用。从哲学里面脱胎出来的心理学，始终也在思考和研究"人""我""自己"这样的问题。打开百度，检索"自我"，就会跳出这样的字样：

> 自我亦称自我意识或自我概念，主要是指个体对自己存在状态的认知，是个体对其社会角色进行自我评价的结果。在我们的经验中，觉察到自己的一切而区别于周围其他的物与其他的人，这就是自我，就是自我意识。

我们暂且将这种把自我意识等同于自我的观点称为单点自我观，这个点指的是理性（思维/意识/概念）。

一、心理学关于"自我"的认识发展脉络

在 19 世纪末 20 世纪初出现的精神分析学派创始人弗洛伊德对重视理性的自我观，打响了第一枪。弗洛伊德认为，有很多的成年人意识不到的童年经历，被储存在潜意识里，也会影响人。同时，人的自我结构，包括生物层面的本我、意识层面的自我，以及道德层面的超我。所以，在弗洛伊德的自我结构中，已经把生物因素引入了，不再仅仅停留在思想层面（意识、道德，

都是思想或概念层面），而形成了生物与理性两个点结合的自我观。

在20世纪上半叶，随着科学技术的发展以及生物学的进步，在心理学中，重视可测量的身体反应和外部刺激、忽视缥缈的心理过程的行为主义开始占了上风。

行为主义将内在心理过程看作不可观察的"黑箱"，只研究可观察和可测量的行为以及引起此行为的外部刺激。行为主义的自我观，类似于把人当成机器，重视外部刺激 - 身体反应，忽视内部体验，这又回到了单点自我观，只不过，这次的侧重点在身体自我上。

20世纪五六十年代，对行为主义忽视内在过程的不满，促成了认知革命的兴起。认知心理学受计算机科学的启示，重视认知过程，重视概念和思维等符号功能。以认知心理学为基础的认知疗法认为，认知过程是行为和情感的中介，造成心理问题不是事件本身，而是不良的认知和思维方式，而不良认知的根源通常都是不合理的自我认识。认知疗法主要通过理性的分析使个体反省对自我看法的不合理性，从而引导人们重新认识并改善自我。认知疗法再一次将生物自我和理性自我结合起来。

综观精神分析、行为主义和认知疗法，其实三者有一个共同点，即都认为心理问题是在生活过程中不自觉地产生的自动化模式导致的：精神分析学派认为，心理问题的根源可能是对潜意识冲突的压抑和防御；在行为主义中，心理问题被认为是习得的不良的固定行为模式；在认知疗法中，心理问题的根源是负性的自动化思维。无论上面提到的哪种流派，治疗的目的都在于帮助人们发现自己不自觉的自动化模式，并加以纠正。在这三个流派中，都认为人的心理问题，是可以认识清楚、解释清楚的。

其实，每个活着的人都知道，有一种不可言说的感觉，或者叫气场，或者叫命运，可能是认识不清楚、也说不清楚的。而这种东西，往往跟人的心理状态具有极大的关系。因此研究者们开始寻求其他的心理治疗技术，对现有认知行为疗法进行扩展和修正，也就是在这样的背景下，新一代心理治疗，即以正念为基础的心理问题治疗方法诞生了。

"正念"这一概念来源于佛教，是指对当下体验的有意识的、非评价的觉察,强调对此时此地实际身心感受的接纳与觉知,并且鼓励在这种接纳和觉知中不加入任何评判。在对自我的认识上,"正念"也是对传统疗法的一大补充。正念是在摒除了理性思维的自动化判断和评价的条件下,对个体的身体状态、感知觉、情绪体验和思维观念进行"无差别"的关照和觉察。

到此为止,一个平面的自我的三要素已经具备了:理性(思想概念)、身体、感性(感觉),居于身体、感觉、理性中间的则是自我(见图1)。

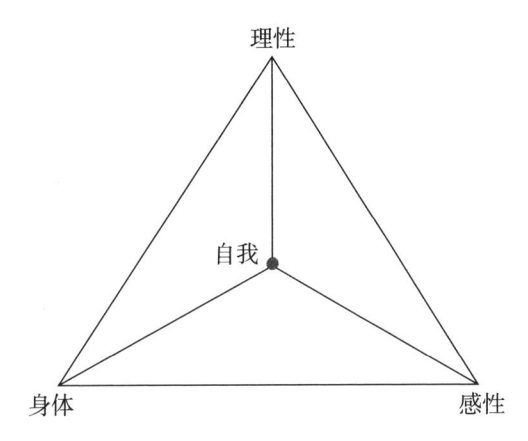

图1 平面自我的三要素

这正是人的三种状态:植物人、动物人、成人!纯粹的身体(没有感觉和思想),其实就是植物人!身体加上感觉(没有思想),其实就是动物,或者是没有掌握语言的婴儿。身体加上感觉和思想(语言、概念),就是完整的成年人。

请认真地看看这个图形。盯着居于身体、感性和理性中间的自我,就会发现它正在上下颠簸,一会儿好像凸出纸面之外,一会儿又凹进纸面之内,跟其他点比起来,自我是一个最不稳定的点,上下颠簸,折腾着身体、感性和理性。

对于这种状况,中国唐朝诗人白居易在《太行路》一诗中进行了描述:

太行之路能摧车,若比人心是坦途。
巫峡之水能覆舟,若比人心是安流。……

正是在人心（自我）的上下折腾中，可能把身体折腾坏了，出现心脏病、高血压、胃溃疡、神经性皮炎等；也可能把感觉折腾坏了，出现眼花、耳鸣、感觉麻木；也可能把理性折腾坏了，出现逻辑性丧失、思维飘逸等。

正如苏轼在《题西林壁》一诗中描写的：

> 横看成岭侧成峰，
> 远近高低各不同。
> 不识庐山真面目，
> 只缘身在此山中。

要想认识自我的真面目，只有跳出自我来看自我！出局反审的目光，成为认识自己的必需！

因此，动力沟通理论，提出自我金刚结构的理念，即身体、感性、理性、反审认知和居于中心的自我一起，构成的一个同极键四面的立体结构（即金刚石的分子结构），才组成完整的稳定的自我结构。

人要认识自己，不仅要关注理性（思想概念等符号机能），还要关注基本的感觉（非符号机能）和作为物质基础的身体，把它们视作一个整体，同时要时刻注意用一种反审的观点看待自我，从而更好地认识、接纳、整合自我，与自我和谐共存，从而自己成为自己的心理咨询师（见图2）。

人的自我感，带着自己的身体、感性和理性，在苦难的大海中前行，一边消耗资源、接受他人的服务、保障自己的生存，一边创造价值、服务他人、创造自己生命的意义。这是属于"躬身入局"和"深深海底行"的部分。

同时，人的自我感，还在反审认知（觉照、慧眼）的指导下，居高临下地审视自己，审视自己的环境，审视自己与环境中的人、物、事的相互作用，从而做到"高高山顶立""跳出三界外，不在五行中""做个清醒明白的局外人"。

自我金刚结构的立体图形，可以直观地分为底部、中心和顶点三个层次，也对应着三个层面的自我。

附录二 为什么推荐动力沟通？

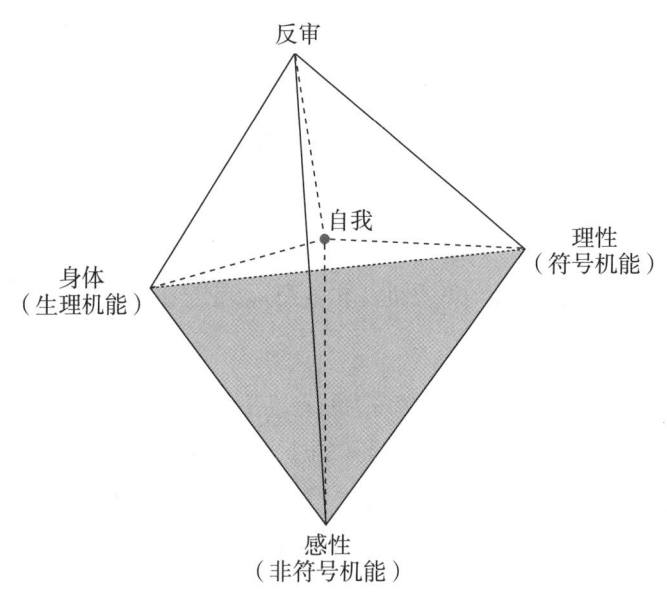

图2　自我金刚结构

反应的我（底部的三个点）："深深海底行"中的"身体、感性和理性"。人的身体，按照本能和后天形成的条件反射，在默默无言地应对着环境中的刺激；人的感性，在按照对环境中刺激的感知，启动身体的新一轮反应；通常意义上所说的人的理性，其实是在社会化过程中形成的一套概念语言系统（符号机能），它常常也是在不自觉地按照自己小时候受到的训练和成长经历，对环境刺激做评价、做反应。

概念的我（中心的点）：自我金刚结构中位于中心的"自我"。这是一个虚幻的存在，时有时无。认真追究，什么是我？好像什么都没有。财产、地位、亲人不是我，身体不是我，思想不是我，等等。但是，再仔细一想，又什么都是我，什么都是通过这个"我"被感知、被反应、被认同、被赋予情感、被赋予价值、被赋予意义的。这个"我"，其实就是一个概念，一个指向身体、感性和理性的结点，它是通过人的记忆、思维等心理活动形成的。

观察的我（顶点）：自我金刚结构顶点的"反审"。它时刻审视着自己的一切，自己周围的一切，并努力突破自己，去了解更多的未知。

在"观察的我"清醒地审视自己并不断突破自己的过程中，自我发展了；

在"反应的我"(身体、感性和理性)在现实中接受磨难、服务自己和他人的过程中,自我发展了;在"概念的我"与"反应的我"和"观察的我"的平衡联系中,自我发展了,同时,自我(局限于身体、感性和理性层面的小我)也慢慢地消融了。

二、以自我金刚结构为核心的动力沟通理论的产生和发展

2008年5月12日汶川大地震发生后,中国科学院心理研究所组建了心理救援队,我作为队长和临时党支部书记带队到灾区开展灾后心理服务,这是中国历史上第一次大规模的心理援助工作。全国各地的志愿者也通过各种渠道到达灾区,2008年6~8月期间,心理研究所心理救援队的志愿者就多达近千人!

当时的情况是:灾情严重,创伤巨大;灾后心理服务,缺乏现成工作模式和经验;工作人员缺乏培训,彼此之间缺乏了解。在这种情况下,不管是灾后心理服务队的领导者还是工作人员,都面临着三个任务:自我沟通、人际沟通和团队建设!

通过自我沟通,让自己保持冷静和高效。

通过人际沟通,与灾区的干部、群众、老师、家长、学生、医护人员、伤病员等保持联系,提供心理辅导、心理培训。

通过团队建设,让我们这个彼此缺乏了解、人员不断变动的志愿者队伍,能够保持工作的连续性和有效性,保证志愿者本身的心理健康和自我成长。

要完成这三个任务,我们提出要进行动力沟通,即在尊重理性和道德的前提下,结合现有人类的一切智慧成果,有意识地觉察、运用和转化双方(或多方)必然存在的相似、差异、矛盾和冲突,促进双方或多方(即参与沟通的各方)逐渐获得安全感、归属感、价值感(尊重感)和自我实现。只有这样,才能完成大面积的灾后心理危机干预的繁重任务。而在这个过程中,打造自我金刚结构、让自我保持稳定且敏锐,非常重要。

为了做到这一点,我们提出的"做自己的心理咨询师"的理念,发明的

附录 二
为什么推荐动力沟通？

相关配套的美人系列技术（美人技术、康德技术、马克思技术、孔子技术和呼吸技术），更是发挥了极大的作用，得到了社会各界的广泛认可，我们承担的"重大自然灾害后心理援助模式、关键技术及应用"课题的学术成果，还得到了北京市科学技术三等奖。

随着工作的开展，动力沟通不仅在灾后危机干预实践中得到了检验，而且在少年犯改造、教师培训、学校心理辅导、党政机关的团队建设和心理健康培训、企业文化建设中，也得到了检验，并于2013年、2015年、2016年分别获得中央国家机关党的建设研究会的研究成果的一个优秀奖和两个二等奖。

作为动力沟通理论与技术的主要发起人和倡导者的我，1984年进入北京师范大学心理系学习，1988年考入中国科学院心理研究所读硕士，1991年毕业留在心理研究所工作，1997年被评为副研究员，同年在职博士毕业。

在早期学习和工作期间，我爱好西方哲学，喜欢柏拉图、叔本华、康德、尼采、海德格尔等人的书；在心理学方面，个人兴趣则是读弗洛伊德、罗杰斯、罗洛·梅等人探索心灵世界的著作，工作则是研究儿童心理学，研究儿童的认知能力发展规律及其与家庭环境的关系。整个人走在西方开创的科学心理学道路上。

1998年在书店偶尔看到一本《论语》，买回家读。越读越动容，越读越后怕，越读越想流泪：1968年出生，1978年开始上初中的我，在一系列中学、大学、研究生等的教育中，对中国文化传统太陌生了，连《论语》这样的书，都没有读过！差点儿成了一个黄皮白心的香蕉人！

从此，人生似乎也发生了转向，从基础研究走向了面向基层实际的心理学应用研究：白天，奔走于中小学、社区、监狱、劳教所、国家政府机关等场所，开展心理服务；晚上，读起了中国传统经典，"四书"、《庄子》《周易》《道德经》《陆九渊集》《王阳明全集》《维摩诘所说经》《解深密经》《菩提道次第广论》等等，后来又在中国科学院党校读了部分马列原著，内心似乎越来越充实……

同时，作为动力沟通理论基础的自我金刚结构的提出，也与我参加的中央国家机关党工委、中央处理与防范邪教问题领导小组办公室组织的反邪教研究及帮助邪教受害者摆脱精神控制的经历有关系。

我们知道，面对现实生活的种种不适应，在痛苦中挣扎折腾的自我，总在寻求救赎和依靠，于是，就有邪教教主借机充当了这个角色，成为信徒的"元神"，把邪教受害者变成傀儡，让信徒淡化对自己身体和境遇的关注，一门心思服从邪教教主和教义，从而摆脱心理痛苦（见图3）！

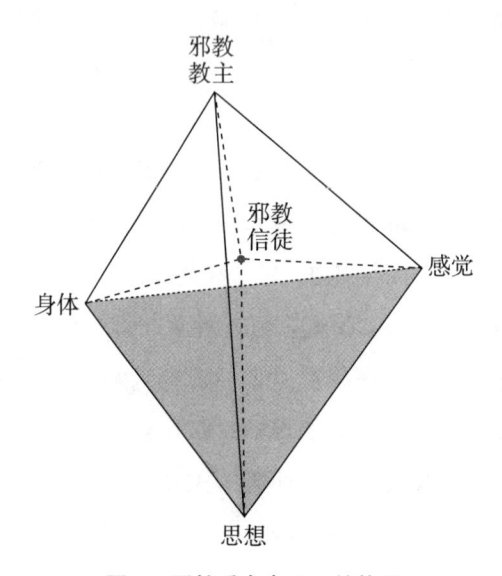

图3 邪教受害者心理结构图

帮助邪教受害者摆脱精神控制的过程，就是把邪教教主从"元神"的位置上拉下来，让邪教受害者重新成为自己命运的主宰！在这一过程中，邪教受害者往往会经历极大的心理痛苦，并会出现多次的反复。作为邪教受害者的心理辅导人员，我们只能在慢慢地、温柔地陪伴中，启发他们找回自己，自己成为自己的心理咨询师，自己陪伴自己、关照自己，自己把握自己的命运，自己承担生活的风雨，欣赏风雨之后的彩虹……我们的这一工作，还得到了中国科学技术协会2005年优秀科研调查报告一等奖。

所以，动力沟通理论的诞生，从我的视角来看，就是社会需要、国家号召、科学精神、科学心理学研究、中国传统文化与一线心理服务结合的产物。

三、动力沟通服务目前的应用领域

我们知道，只要有人的地方，就有沟通：一个人的自我沟通，人与人的人际沟通（包括团队内部和外部的沟通）。只要是个真诚的人，就会发现自我内部、人际之间，永远存在差异、冲突和矛盾。动力沟通，正是要在日常生活和工作中，在各个场合中，觉察、转化、利用差异、冲突和矛盾，把差异、冲突和矛盾转化为成长的动力。

因此，动力沟通人会分享彼此的人生体验，分享对自我矛盾、人际矛盾的觉察，分享对自我矛盾、人际矛盾的转化和利用。动力沟通人，在努力提高自我修养的前提下，一起相互提携、相互激发、相互批评、相互表扬、相互尊重、相互接纳、合作创造、共享辉煌！

目前动力沟通服务的主要应用领域有四个。

（1）机构心理顾问：帮助学校、企业、党政机关培训心理骨干，建立金刚结构型组织，提高员工的心理健康水平、工作满意度和工作效能。

（2）家庭心理顾问：陪伴、影响家长，提高家长的自我觉察和亲子沟通能力，最终提高孩子的社会适应能力、学习能力。

（3）社区管理与服务：通过心贴心的服务，提高居民对社区的满意度和归属感，激发居民的创造活力，建立和谐社会。

（4）灾后心理援助：组织和培训心理援助志愿者服务受灾群众。接受相关机构委托，服从灾区当地各级党政机关管理，帮助灾区重建精神家园。

主要资料来源

［1］王文忠．动力沟通理论与实践［M］．北京：石油工业出版社，2014．

［2］中国科学院心理研究所沟通研究中心．做自己的咨询师——动力沟通之心理咨询篇［M］．北京：科学出版社，2015．

［3］中国科学院心理研究所沟通研究中心．事事洞明人情练达——动力沟通之社会服务篇［M］．北京：科学出版社，2015．

［4］孙炳丽，田雨，孙海洋，等．从心理咨询与治疗的角度看自我［J］．心理科学进展，2016，24（1）：83-90．

后 记

非常荣幸能够与中国科学院心理研究所王文忠研究员合作完成这本书，并有机会在后记中，跟读者说说自己特别想说的一些话。

在做"多特儿童专注力训练"这个项目之前，我多年从事人力资源工作，在工作中我发现一个普遍的现象：从高管到普通员工，其实有很多人，存在注意力问题，容易沉浸在自己的想法中，要么忽视了领导的要求，要么忽视了现场的变化，导致工作出问题，前途受影响。相反，那些发展得顺利的人，往往都是那些能够抓住"牛鼻子"的人，他们做事既符合领导的意图，又能发现现场的资源，照顾方方面面的需要，从而总能游刃有余地解决问题。这些人的家庭关系、同事关系，往往也比较顺畅。

后来，有了自己的孩子，自己的同事也有了孩子，我们也经常思考和探讨家庭教育与个人成长的关系，慢慢有了这样的发现和思考：在这个信息爆炸、快速发展的现代社会，很多家长忙于工作，缺乏注意分配的灵活性，对孩子缺乏关注，往往只注重物质条件的满足，结果导致孩子在幼儿园和学校适应不良。仔细分析原因，这些在学校和幼儿园适应不良的孩子，往往都有专注力方面的问题。但是，提高儿童的专注力，不仅需要教师的努力，往往还需要家长的配合，需要家长的行为方式乃至生活方式的调整。

带着这样的觉察，我和朋友们合作，开展了"多特儿童专注力"（Dot Children Focus）项目，并跟中国科学院心理研究所开展了项目合作，同时参加了心理研究所的儿童心理学高级研修班的学习，王文忠研究员就是我在心理研究所的合作者，也是我非常尊敬的老师之一。在跟王老师的多次接触中，我发现，我在工作中遇到的家庭教育问题，采用王老师的理论总能够得到一

聚焦家庭教育

个新颖的观察视角,并给出实用的解决方案。王老师也多次说,"多特儿童专注力"项目的很多案例,也给了他很多灵感,激发他对相关理论做了深入的思考。因此,我们慢慢就有了共同写一本书的想法,并通过一年多的努力,终于让这个想法变成了现实。

现在,您翻开了这本书,甚至已经翻完了这本书,不知道感觉如何?我的工作是"多特儿童专注力"["多特"(Dot)就是"焦点"的意思],这本书叫作"聚焦家庭教育",此刻,不知您聚焦在哪里?不管您聚焦哪里,只要您还没有合上本书,我还想跟您说:谢谢您阅读本书!

作为一个聚焦于儿童专注力培训、同时关心家庭教育的职业女性,我希望您在专心阅读本书的同时,也注意一下您身边的其他人。此刻,您的亲人,可能正在为您能够安静地看书做着努力和奉献!您的孩子(如果您已经有孩子的话),可能正在默默地观察着您!不管怎么样,我们共处在一个快速变化而又互相影响的时代!希望并相信读了本书的您,与读本书之前的那个您相比,已经更上一层楼!

再次感谢您的阅读!

邓兰勤
"多特儿童专注力"项目负责人
2018 年 6 月